## SUBJECTS FATHER (P1)

Born

Location

Died Age

Location

Buried

Father (P2)

Mother (P3)

### Marriage

To (M1)

Date

Location

Witness (1)

Witness (2)

### Education

| Dates | School/College/University |
|---|---|
| | |
| | |
| | |
| | |
| | |

### Employment

| Dates | Occupation |
|---|---|
| | |
| | |
| | |
| | |
| | |
| | |
| | |

## THE SUB.

Born

Location

### Education

| Dates | School/College/University |
|---|---|
| | |
| | |
| | |
| | |
| | |
| | |

### Marriage (S2)

To

Date

Location

Witness (1)

Witness (2)

### Children

1\.

Born Location

2\.

Born Location

3\.

Born Location

4\.

Born Location

5\.

Born Location

6\.

Born Location

7\.

Born Location

8\.

Born Location

## CENSUS DETAILS

| YEAR | | ADDRESS | TOWN/VILLAGE | COUNTY |
|---|---|---|---|---|
| 1901 | Piece<br>Folio | | | |
| 1911 | Piece<br>Folio | | | |

# PATERNAL GRANDPARENTS

| Name (P2) | Name (P3) |
| --- | --- |
| Born ______ Location ______ | Born ______ Location ______ |
| Died ______ Age ______ | Died ______ Age ______ |
| Location ______ | Location ______ |
| Buried ______ | Buried ______ |
| Father ______ | Father ______ |
| Mother | Mother |

Married on at

Names of witnesses

**Children**

| Name | Born | Died | Birthplace | Spouse/Partner |
| --- | --- | --- | --- | --- |
| | | | | |
| | | | | |
| | | | | |
| | | | | |
| | | | | |
| | | | | |
| | | | | |
| | | | | |
| | | | | |
| | | | | |
| | | | | |
| | | | | |

**Census Records**

| CENSUS YEAR and REFERENCE | | Occupation | Address |
| --- | --- | --- | --- |
| 1841 | Piece | Husband | |
| | Folio | Spouse/partner | |
| 1851 | Piece | Husband | |
| | Folio | Spouse/partner | |
| 1861 | Piece | Husband | |
| | Folio | Spouse/partner | |
| 1871 | Piece | Husband | |
| | Folio | Spouse/partner | |
| 1881 | Piece | Husband | |
| | Folio | Spouse/partner | |
| 1891 | Piece | Husband | |
| | Folio | Spouse/partner | |
| 1901 | Piece | Husband | |
| | Folio | Spouse/partner | |
| 1911 | Piece | Husband | |
| | Folio | Spouse/partner | |

| Name | Monumental inscription | Will? |
| --- | --- | --- |
| | | |
| | | |
| | | |
| | | |
| | | |
| | | |

# PATERNAL GREAT GRANDPARENTS

| Name (P4) | Name (P5) |
|---|---|
| Born ______ Location ______ | Born ______ Location ______ |
| Died ______ Age ______ | Died ______ Age ______ |
| Location ______ | Location ______ |
| Buried ______ | Buried ______ |
| Father ______ | Father ______ |
| Mother | Mother |

Married on at

Names of witnesses

**Children**

| Name | Born | Died | Birthplace | Spouse/Partner |
|---|---|---|---|---|
| | | | | |
| | | | | |
| | | | | |
| | | | | |
| | | | | |
| | | | | |
| | | | | |
| | | | | |
| | | | | |
| | | | | |
| | | | | |

**Census Records**

| CENSUS YEAR and REFERENCE | | Occupation | Address |
|---|---|---|---|
| 1841 | Piece | Husband | |
| | Folio | Spouse/partner | |
| 1851 | Piece | Husband | |
| | Folio | Spouse/partner | |
| 1861 | Piece | Husband | |
| | Folio | Spouse/partner | |
| 1871 | Piece | Husband | |
| | Folio | Spouse/partner | |
| 1881 | Piece | Husband | |
| | Folio | Spouse/partner | |
| 1891 | Piece | Husband | |
| | Folio | Spouse/partner | |
| 1901 | Piece | Husband | |
| | Folio | Spouse/partner | |
| 1911 | Piece | Husband | |
| | Folio | Spouse/partner | |

| Name | Monumental inscription | Will? |
|---|---|---|
| | | |
| | | |
| | | |
| | | |
| | | |
| | | |

# PATERNAL GREAT GRANDPARENTS

| Name (P6) | Name (P7) |
|---|---|
| Born ________ Location ________ | Born ________ Location ________ |
| Died ________ Age ________ | Died ________ Age ________ |
| Location ________ | Location ________ |
| Buried ________ | Buried ________ |
| Father ________ | Father ________ |
| Mother | Mother |

Married on at

Names of witnesses

**Children**

| Name | Born | Died | Birthplace | Spouse/Partner |
|---|---|---|---|---|
| | | | | |
| | | | | |
| | | | | |
| | | | | |
| | | | | |
| | | | | |
| | | | | |
| | | | | |
| | | | | |
| | | | | |
| | | | | |
| | | | | |

**Census Records**

| CENSUS YEAR and REFERENCE | | Occupation | Address |
|---|---|---|---|
| 1841 | Piece | Husband | |
| | Folio | Spouse/partner | |
| 1851 | Piece | Husband | |
| | Folio | Spouse/partner | |
| 1861 | Piece | Husband | |
| | Folio | Spouse/partner | |
| 1871 | Piece | Husband | |
| | Folio | Spouse/partner | |
| 1881 | Piece | Husband | |
| | Folio | Spouse/partner | |
| 1891 | Piece | Husband | |
| | Folio | Spouse/partner | |
| 1901 | Piece | Husband | |
| | Folio | Spouse/partner | |
| 1911 | Piece | Husband | |
| | Folio | Spouse/partner | |

| Name | Monumental inscription | Will? |
|---|---|---|
| | | |
| | | |
| | | |
| | | |
| | | |
| | | |

# PATERNAL GREAT GREAT GRANDPARENTS

| Name (P8) | Name (P9) |
|---|---|
| Born ________ Location ________ | Born ________ Location ________ |
| Died ________ Age ________ | Died ________ Age ________ |
| Location ________ | Location ________ |
| Buried ________ | Buried ________ |
| Father ________ | Father ________ |
| Mother | Mother |

Married on at

Names of witnesses

**Children**

| Name | Born | Died | Birthplace | Spouse/Partner |
|---|---|---|---|---|
| | | | | |
| | | | | |
| | | | | |
| | | | | |
| | | | | |
| | | | | |
| | | | | |
| | | | | |
| | | | | |
| | | | | |
| | | | | |
| | | | | |

**Census Records**

| CENSUS YEAR and REFERENCE | Occupation | Address |
|---|---|---|
| 1841 Piece | Husband | |
| Folio | Spouse/partner | |
| 1851 Piece | Husband | |
| Folio | Spouse/partner | |
| 1861 Piece | Husband | |
| Folio | Spouse/partner | |
| 1871 Piece | Husband | |
| Folio | Spouse/partner | |
| 1881 Piece | Husband | |
| Folio | Spouse/partner | |
| 1891 Piece | Husband | |
| Folio | Spouse/partner | |
| 1901 Piece | Husband | |
| Folio | Spouse/partner | |
| 1911 Piece | Husband | |
| Folio | Spouse/partner | |

| Name | Monumental inscription | Will? |
|---|---|---|
| | | |
| | | |
| | | |
| | | |
| | | |
| | | |

# PATERNAL GREAT GREAT GRANDPARENTS

| Name (P10) | Name (P11) |
|---|---|
| Born ________ Location ________ | Born ________ Location ________ |
| Died ________ Age ________ | Died ________ Age ________ |
| Location ________ | Location ________ |
| Buried ________ | Buried ________ |
| Father ________ | Father ________ |
| Mother | Mother |

Married on at

Names of witnesses

**Children**

| Name | Born | Died | Birthplace | Spouse/Partner |
|---|---|---|---|---|
| | | | | |
| | | | | |
| | | | | |
| | | | | |
| | | | | |
| | | | | |
| | | | | |
| | | | | |
| | | | | |
| | | | | |
| | | | | |

**Census Records**

| CENSUS YEAR and REFERENCE | | Occupation | Address |
|---|---|---|---|
| 1841 | Piece | Husband | |
| | Folio | Spouse/partner | |
| 1851 | Piece | Husband | |
| | Folio | Spouse/partner | |
| 1861 | Piece | Husband | |
| | Folio | Spouse/partner | |
| 1871 | Piece | Husband | |
| | Folio | Spouse/partner | |
| 1881 | Piece | Husband | |
| | Folio | Spouse/partner | |
| 1891 | Piece | Husband | |
| | Folio | Spouse/partner | |
| 1901 | Piece | Husband | |
| | Folio | Spouse/partner | |
| 1911 | Piece | Husband | |
| | Folio | Spouse/partner | |

| Name | Monumental inscription | Will? |
|---|---|---|
| | | |
| | | |
| | | |
| | | |
| | | |
| | | |

# PATERNAL GREAT GREAT GRANDPARENTS

| Name (P12) | Name (P13) |
|---|---|
| Born______ Location______ | Born______ Location______ |
| Died______ Age______ | Died______ Age______ |
| Location______ | Location______ |
| Buried______ | Buried______ |
| Father______ | Father______ |
| Mother | Mother |

Married on at

Names of witnesses

Children

| Name | Born | Died | Birthplace | Spouse/Partner |
|---|---|---|---|---|
| | | | | |
| | | | | |
| | | | | |
| | | | | |
| | | | | |
| | | | | |
| | | | | |
| | | | | |
| | | | | |
| | | | | |
| | | | | |
| | | | | |

Census Records

| CENSUS YEAR and REFERENCE | | Occupation | Address |
|---|---|---|---|
| 1841 | Piece | Husband | |
| | Folio | Spouse/partner | |
| 1851 | Piece | Husband | |
| | Folio | Spouse/partner | |
| 1861 | Piece | Husband | |
| | Folio | Spouse/partner | |
| 1871 | Piece | Husband | |
| | Folio | Spouse/partner | |
| 1881 | Piece | Husband | |
| | Folio | Spouse/partner | |
| 1891 | Piece | Husband | |
| | Folio | Spouse/partner | |
| 1901 | Piece | Husband | |
| | Folio | Spouse/partner | |
| 1911 | Piece | Husband | |
| | Folio | Spouse/partner | |

| Name | Monumental inscription | Will? |
|---|---|---|
| | | |
| | | |
| | | |
| | | |
| | | |
| | | |

# PATERNAL GREAT GREAT GRANDPARENTS

| Name (P14) | Name (P15) |
|---|---|
| Born________ Location________________ | Born________ Location________________ |
| Died______________ Age________ | Died______________ Age________ |
| Location____________________ | Location____________________ |
| Buried____________________ | Buried____________________ |
| Father____________________ | Father____________________ |
| Mother | Mother |

Married on at

Names of witnesses

Children

| Name | Born | Died | Birthplace | Spouse/Partner |
|---|---|---|---|---|
| | | | | |
| | | | | |
| | | | | |
| | | | | |
| | | | | |
| | | | | |
| | | | | |
| | | | | |
| | | | | |
| | | | | |
| | | | | |
| | | | | |

Census Records

| CENSUS YEAR and REFERENCE | | Occupation | Address |
|---|---|---|---|
| 1841 | Piece | Husband | |
| | Folio | Spouse/partner | |
| 1851 | Piece | Husband | |
| | Folio | Spouse/partner | |
| 1861 | Piece | Husband | |
| | Folio | Spouse/partner | |
| 1871 | Piece | Husband | |
| | Folio | Spouse/partner | |
| 1881 | Piece | Husband | |
| | Folio | Spouse/partner | |
| 1891 | Piece | Husband | |
| | Folio | Spouse/partner | |
| 1901 | Piece | Husband | |
| | Folio | Spouse/partner | |
| 1911 | Piece | Husband | |
| | Folio | Spouse/partner | |

| Name | Monumental inscription | Will? |
|---|---|---|
| | | |
| | | |
| | | |
| | | |
| | | |
| | | |

| Name (P16) | Name (P17) |
|---|---|
| Born ______ Location ______ | Born ______ Location ______ |
| Died ______ Age ______ | Died ______ Age ______ |
| Location ______ | Location ______ |
| Buried ______ | Buried ______ |
| Father ______ | Father ______ |
| Mother | Mother |

Married on ______ at ______

Names of witnesses

Children

| Name | Born | Died | Birthplace | Spouse/Partner |
|---|---|---|---|---|
| | | | | |
| | | | | |
| | | | | |
| | | | | |
| | | | | |
| | | | | |
| | | | | |
| | | | | |
| | | | | |
| | | | | |
| | | | | |
| | | | | |
| | | | | |

| Census Records | 1841 Piece Folio | 1851 Piece Folio | 1861 Piece Folio | 1871 Piece Folio | 1881 Piece Folio | 1891 Piece Folio | 1901 Piece Folio | 1911 Piece Folio |
|---|---|---|---|---|---|---|---|---|

## 3 x PATERNAL GREAT GRANDPARENTS

| Name (P18) | Name (P19) |
|---|---|
| Born ______ Location ______ | Born ______ Location ______ |
| Died ______ Age ______ | Died ______ Age ______ |
| Location ______ | Location ______ |
| Buried ______ | Buried ______ |
| Father ______ | Father ______ |
| Mother | Mother |

Married on ______ at ______

Names of witnesses

Children

| Name | Born | Died | Birthplace | Spouse/Partner |
|---|---|---|---|---|
| | | | | |
| | | | | |
| | | | | |
| | | | | |
| | | | | |
| | | | | |
| | | | | |
| | | | | |
| | | | | |
| | | | | |
| | | | | |
| | | | | |

| Census Records | 1841 Piece Folio | 1851 Piece Folio | 1861 Piece Folio | 1871 Piece Folio | 1881 Piece Folio | 1891 Piece Folio | 1901 Piece Folio | 1911 Piece Folio |
|---|---|---|---|---|---|---|---|---|

| Name (P20) | Name (P21) |
|---|---|
| Born ______ Location ______ | Born ______ Location ______ |
| Died ______ Age ______ | Died ______ Age ______ |
| Location ______ | Location ______ |
| Buried ______ | Buried ______ |
| Father ______ | Father ______ |
| Mother | Mother |

Married on ______ at ______

Names of witnesses

**Children**

| Name | Born | Died | Birthplace | Spouse/Partner |
|---|---|---|---|---|
| | | | | |
| | | | | |
| | | | | |
| | | | | |
| | | | | |
| | | | | |
| | | | | |
| | | | | |
| | | | | |
| | | | | |
| | | | | |
| | | | | |

| Census Records | 1841 | 1851 | 1861 | 1871 | 1881 | 1891 | 1901 | 1911 |
|---|---|---|---|---|---|---|---|---|
| | Piece | Piece | Piece | Piece | Piece | Piece | Piece | Piece |
| | Folio | Folio | Folio | Folio | Folio | Folio | Folio | Folio |

## 3 x PATERNAL GREAT GRANDPARENTS

| Name (P22) | Name (P23) |
|---|---|
| Born ______ Location ______ | Born ______ Location ______ |
| Died ______ Age ______ | Died ______ Age ______ |
| Location ______ | Location ______ |
| Buried ______ | Buried ______ |
| Father ______ | Father ______ |
| Mother | Mother |

Married on ______ at ______

Names of witnesses

**Children**

| Name | Born | Died | Birthplace | Spouse/Partner |
|---|---|---|---|---|
| | | | | |
| | | | | |
| | | | | |
| | | | | |
| | | | | |
| | | | | |
| | | | | |
| | | | | |
| | | | | |
| | | | | |
| | | | | |
| | | | | |

| Census Records | 1841 | 1851 | 1861 | 1871 | 1881 | 1891 | 1901 | 1911 |
|---|---|---|---|---|---|---|---|---|
| | Piece | Piece | Piece | Piece | Piece | Piece | Piece | Piece |
| | Folio | Folio | Folio | Folio | Folio | Folio | Folio | Folio |

| Name (P24) | Name (P25) |
|---|---|
| Born ______ Location ______ | Born ______ Location ______ |
| Died ______ Age ______ | Died ______ Age ______ |
| Location ______ | Location ______ |
| Buried ______ | Buried ______ |
| Father ______ | Father ______ |
| Mother | Mother |

Married on ______ at ______

Names of witnesses

| Children: Name | Born | Died | Birthplace | Spouse/Partner |
|---|---|---|---|---|
| | | | | |
| | | | | |
| | | | | |
| | | | | |
| | | | | |
| | | | | |
| | | | | |
| | | | | |
| | | | | |
| | | | | |
| | | | | |
| | | | | |

| Census Records | 1841 | 1851 | 1861 | 1871 | 1881 | 1891 | 1901 | 1911 |
|---|---|---|---|---|---|---|---|---|
| | Piece Folio | Piece Folio | Piece Folio | Piece Folio | Piece Folio | Piece Folio | Piece Folio | Piece Folio |

## 3 x PATERNAL GREAT GRANDPARENTS

| Name (P26) | Name (P27) |
|---|---|
| Born ______ Location ______ | Born ______ Location ______ |
| Died ______ Age ______ | Died ______ Age ______ |
| Location ______ | Location ______ |
| Buried ______ | Buried ______ |
| Father ______ | Father ______ |
| Mother | Mother |

Married on ______ at ______

Names of witnesses

| Children: Name | Born | Died | Birthplace | Spouse/Partner |
|---|---|---|---|---|
| | | | | |
| | | | | |
| | | | | |
| | | | | |
| | | | | |
| | | | | |
| | | | | |
| | | | | |
| | | | | |
| | | | | |
| | | | | |
| | | | | |

| Census Records | 1841 | 1851 | 1861 | 1871 | 1881 | 1891 | 1901 | 1911 |
|---|---|---|---|---|---|---|---|---|
| | Piece Folio | Piece Folio | Piece Folio | Piece Folio | Piece Folio | Piece Folio | Piece Folio | Piece Folio |

| Name (P28) | Name (P29) |
|---|---|
| Born ____ Location ____ | Born ____ Location ____ |
| Died ____ Age ____ | Died ____ Age ____ |
| Location ____ | Location ____ |
| Buried ____ | Buried ____ |
| Father ____ | Father ____ |
| Mother | Mother |

Married on ____ at ____
Names of witnesses

| Children | Name | Born | Died | Birthplace | Spouse/Partner |
|---|---|---|---|---|---|
| | | | | | |
| | | | | | |
| | | | | | |
| | | | | | |
| | | | | | |
| | | | | | |
| | | | | | |
| | | | | | |
| | | | | | |
| | | | | | |
| | | | | | |
| | | | | | |

| Census Records | 1841 Piece Folio | 1851 Piece Folio | 1861 Piece Folio | 1871 Piece Folio | 1881 Piece Folio | 1891 Piece Folio | 1901 Piece Folio | 1911 Piece Folio |
|---|---|---|---|---|---|---|---|---|

## 3 x PATERNAL GREAT GRANDPARENTS

| Name (P30) | Name (P31) |
|---|---|
| Born ____ Location ____ | Born ____ Location ____ |
| Died ____ Age ____ | Died ____ Age ____ |
| Location ____ | Location ____ |
| Buried ____ | Buried ____ |
| Father ____ | Father ____ |
| Mother | Mother |

Married on ____ at ____
Names of witnesses

| Children | Name | Born | Died | Birthplace | Spouse/Partner |
|---|---|---|---|---|---|
| | | | | | |
| | | | | | |
| | | | | | |
| | | | | | |
| | | | | | |
| | | | | | |
| | | | | | |
| | | | | | |
| | | | | | |
| | | | | | |
| | | | | | |
| | | | | | |

| Census Records | 1841 Piece Folio | 1851 Piece Folio | 1861 Piece Folio | 1871 Piece Folio | 1881 Piece Folio | 1891 Piece Folio | 1901 Piece Folio | 1911 Piece Folio |
|---|---|---|---|---|---|---|---|---|

Name (P32)

Born ______ Location ______

Died ______ Location ______

Age ____ Buried ______

Father ______

Mother

Name (P33)

Born ______ Location ______

Died ______ Location ______

Age ____ Buried ______

Father ______

Mother

Married on at

| Childrens Names | Born | Died |
|---|---|---|
| | | |
| | | |
| | | |
| | | |
| | | |

| Childrens Names | Born | Died |
|---|---|---|
| | | |
| | | |
| | | |
| | | |
| | | |

Name (P34)

Born ______ Location ______

Died ______ Location ______

Age ____ Buried ______

Father ______

Mother

Name (P35)

Born ______ Location ______

Died ______ Location ______

Age ____ Buried ______

Father ______

Mother

Married on at

| Childrens Names | Born | Died |
|---|---|---|
| | | |
| | | |
| | | |
| | | |
| | | |

| Childrens Names | Born | Died |
|---|---|---|
| | | |
| | | |
| | | |
| | | |
| | | |

## 4 x PATERNAL GREAT GRANDPARENTS

Name (P36)

Born ______ Location ______

Died ______ Location ______

Age ____ Buried ______

Father ______

Mother

Name (P37)

Born ______ Location ______

Died ______ Location ______

Age ____ Buried ______

Father ______

Mother

Married on at

| Childrens Names | Born | Died |
|---|---|---|
| | | |
| | | |
| | | |
| | | |
| | | |

| Childrens Names | Born | Died |
|---|---|---|
| | | |
| | | |
| | | |
| | | |
| | | |

Name (P38)

Born ______ Location ______

Died ______ Location ______

Age ____ Buried ______

Father ______

Mother

Name (P39)

Born ______ Location ______

Died ______ Location ______

Age ____ Buried ______

Father ______

Mother

Married on at

| Childrens Names | Born | Died |
|---|---|---|
| | | |
| | | |
| | | |
| | | |
| | | |

| Childrens Names | Born | Died |
|---|---|---|
| | | |
| | | |
| | | |
| | | |
| | | |

| Name (P40) | Name (P41) |
|---|---|
| Born ______ Location ______ | Born ______ Location ______ |
| Died ______ Location ______ | Died ______ Location ______ |
| Age ____ Buried ______ | Age ____ Buried ______ |
| Father ______ | Father ______ |
| Mother | Mother |

Married on at

| Childrens Names | Born | Died | Childrens Names | Born | Died |
|---|---|---|---|---|---|
| | | | | | |
| | | | | | |
| | | | | | |
| | | | | | |
| | | | | | |

| Name (P42) | Name (P43) |
|---|---|
| Born ______ Location ______ | Born ______ Location ______ |
| Died ______ Location ______ | Died ______ Location ______ |
| Age ____ Buried ______ | Age ____ Buried ______ |
| Father ______ | Father ______ |
| Mother | Mother |

Married on at

| Childrens Names | Born | Died | Childrens Names | Born | Died |
|---|---|---|---|---|---|
| | | | | | |
| | | | | | |
| | | | | | |
| | | | | | |
| | | | | | |

## 4 x PATERNAL GREAT GRANDPARENTS

| Name (P44) | Name (P45) |
|---|---|
| Born ______ Location ______ | Born ______ Location ______ |
| Died ______ Location ______ | Died ______ Location ______ |
| Age ____ Buried ______ | Age ____ Buried ______ |
| Father ______ | Father ______ |
| Mother | Mother |

Married on at

| Childrens Names | Born | Died | Childrens Names | Born | Died |
|---|---|---|---|---|---|
| | | | | | |
| | | | | | |
| | | | | | |
| | | | | | |
| | | | | | |

| Name (P46) | Name (P47) |
|---|---|
| Born ______ Location ______ | Born ______ Location ______ |
| Died ______ Location ______ | Died ______ Location ______ |
| Age ____ Buried ______ | Age ____ Buried ______ |
| Father ______ | Father ______ |
| Mother | Mother |

Married on at

| Childrens Names | Born | Died | Childrens Names | Born | Died |
|---|---|---|---|---|---|
| | | | | | |
| | | | | | |
| | | | | | |
| | | | | | |
| | | | | | |

| Name (P48) | Name (P49) |
|---|---|
| Born ______ Location ______ | Born ______ Location ______ |
| Died ______ Location ______ | Died ______ Location ______ |
| Age ____ Buried ______ | Age ____ Buried ______ |
| Father ______ | Father ______ |
| Mother | Mother |

Married on at

| Childrens Names | Born | Died | Childrens Names | Born | Died |
|---|---|---|---|---|---|
| | | | | | |
| | | | | | |
| | | | | | |
| | | | | | |
| | | | | | |

| Name (P50) | Name (P51) |
|---|---|
| Born ______ Location ______ | Born ______ Location ______ |
| Died ______ Location ______ | Died ______ Location ______ |
| Age ____ Buried ______ | Age ____ Buried ______ |
| Father ______ | Father ______ |
| Mother | Mother |

Married on at

| Childrens Names | Born | Died | Childrens Names | Born | Died |
|---|---|---|---|---|---|
| | | | | | |
| | | | | | |
| | | | | | |
| | | | | | |
| | | | | | |

## 4 x PATERNAL GREAT GRANDPARENTS

| Name (P52) | Name (P53) |
|---|---|
| Born ______ Location ______ | Born ______ Location ______ |
| Died ______ Location ______ | Died ______ Location ______ |
| Age ____ Buried ______ | Age ____ Buried ______ |
| Father ______ | Father ______ |
| Mother | Mother |

Married on at

| Childrens Names | Born | Died | Childrens Names | Born | Died |
|---|---|---|---|---|---|
| | | | | | |
| | | | | | |
| | | | | | |
| | | | | | |
| | | | | | |

| Name (P54) | Name (P55) |
|---|---|
| Born ______ Location ______ | Born ______ Location ______ |
| Died ______ Location ______ | Died ______ Location ______ |
| Age ____ Buried ______ | Age ____ Buried ______ |
| Father ______ | Father ______ |
| Mother | Mother |

Married on at

| Childrens Names | Born | Died | Childrens Names | Born | Died |
|---|---|---|---|---|---|
| | | | | | |
| | | | | | |
| | | | | | |
| | | | | | |
| | | | | | |

| Name (P56) | Name (P57) |
|---|---|
| Born ______ Location ______ | Born ______ Location ______ |
| Died ______ Location ______ | Died ______ Location ______ |
| Age ____ Buried ______ | Age ____ Buried ______ |
| Father ______ | Father ______ |
| Mother | Mother |

Married on at

| Childrens Names | Born | Died | Childrens Names | Born | Died |
|---|---|---|---|---|---|
| | | | | | |
| | | | | | |
| | | | | | |
| | | | | | |
| | | | | | |

| Name (P58) | Name (P59) |
|---|---|
| Born ______ Location ______ | Born ______ Location ______ |
| Died ______ Location ______ | Died ______ Location ______ |
| Age ____ Buried ______ | Age ____ Buried ______ |
| Father ______ | Father ______ |
| Mother | Mother |

Married on at

| Childrens Names | Born | Died | Childrens Names | Born | Died |
|---|---|---|---|---|---|
| | | | | | |
| | | | | | |
| | | | | | |
| | | | | | |
| | | | | | |

## 4 x PATERNAL GREAT GRANDPARENTS

| Name (P60) | Name (P61) |
|---|---|
| Born ______ Location ______ | Born ______ Location ______ |
| Died ______ Location ______ | Died ______ Location ______ |
| Age ____ Buried ______ | Age ____ Buried ______ |
| Father ______ | Father ______ |
| Mother | Mother |

Married on at

| Childrens Names | Born | Died | Childrens Names | Born | Died |
|---|---|---|---|---|---|
| | | | | | |
| | | | | | |
| | | | | | |
| | | | | | |
| | | | | | |

| Name (P62) | Name (P63) |
|---|---|
| Born ______ Location ______ | Born ______ Location ______ |
| Died ______ Location ______ | Died ______ Location ______ |
| Age ____ Buried ______ | Age ____ Buried ______ |
| Father ______ | Father ______ |
| Mother | Mother |

Married on at

| Childrens Names | Born | Died | Childrens Names | Born | Died |
|---|---|---|---|---|---|
| | | | | | |
| | | | | | |
| | | | | | |
| | | | | | |
| | | | | | |

Name (P64)

Born ______ Location ______

Died ______ Location ______

Age ___ Buried ______

Father ______

Mother

Name (P65)

Born ______ Location ______

Died ______ Location ______

Age ___ Buried ______

Father ______

Mother

Married on at

| Childrens Names | Born | Died | Childrens Names | Born | Died |
|---|---|---|---|---|---|
| | | | | | |
| | | | | | |
| | | | | | |
| | | | | | |
| | | | | | |

Name (P66)

Born ______ Location ______

Died ______ Location ______

Age ___ Buried ______

Father ______

Mother

Name (P67)

Born ______ Location ______

Died ______ Location ______

Age ___ Buried ______

Father ______

Mother

Married on at

| Childrens Names | Born | Died | Childrens Names | Born | Died |
|---|---|---|---|---|---|
| | | | | | |
| | | | | | |
| | | | | | |
| | | | | | |
| | | | | | |

## 5 x PATERNAL GREAT GRANDPARENTS

Name (P68)

Born ______ Location ______

Died ______ Location ______

Age ___ Buried ______

Father ______

Mother

Name (P69)

Born ______ Location ______

Died ______ Location ______

Age ___ Buried ______

Father ______

Mother

Married on at

| Childrens Names | Born | Died | Childrens Names | Born | Died |
|---|---|---|---|---|---|
| | | | | | |
| | | | | | |
| | | | | | |
| | | | | | |
| | | | | | |

Name (P70)

Born ______ Location ______

Died ______ Location ______

Age ___ Buried ______

Father ______

Mother

Name (P71)

Born ______ Location ______

Died ______ Location ______

Age ___ Buried ______

Father ______

Mother

Married on at

| Childrens Names | Born | Died | Childrens Names | Born | Died |
|---|---|---|---|---|---|
| | | | | | |
| | | | | | |
| | | | | | |
| | | | | | |
| | | | | | |

| Name (P72) | Name (P73) |
|---|---|
| Born ______ Location ______ | Born ______ Location ______ |
| Died ______ Location ______ | Died ______ Location ______ |
| Age ____ Buried ______ | Age ____ Buried ______ |
| Father ______ | Father ______ |
| Mother | Mother |

Married on at

| Childrens Names | Born | Died | Childrens Names | Born | Died |
|---|---|---|---|---|---|
| | | | | | |
| | | | | | |
| | | | | | |
| | | | | | |
| | | | | | |

| Name (P74) | Name (P75) |
|---|---|
| Born ______ Location ______ | Born ______ Location ______ |
| Died ______ Location ______ | Died ______ Location ______ |
| Age ____ Buried ______ | Age ____ Buried ______ |
| Father ______ | Father ______ |
| Mother | Mother |

Married on at

| Childrens Names | Born | Died | Childrens Names | Born | Died |
|---|---|---|---|---|---|
| | | | | | |
| | | | | | |
| | | | | | |
| | | | | | |
| | | | | | |

## 5 x PATERNAL GREAT GRANDPARENTS

| Name (P76) | Name (P77) |
|---|---|
| Born ______ Location ______ | Born ______ Location ______ |
| Died ______ Location ______ | Died ______ Location ______ |
| Age ____ Buried ______ | Age ____ Buried ______ |
| Father ______ | Father ______ |
| Mother | Mother |

Married on at

| Childrens Names | Born | Died | Childrens Names | Born | Died |
|---|---|---|---|---|---|
| | | | | | |
| | | | | | |
| | | | | | |
| | | | | | |
| | | | | | |

| Name (P78) | Name (P79) |
|---|---|
| Born ______ Location ______ | Born ______ Location ______ |
| Died ______ Location ______ | Died ______ Location ______ |
| Age ____ Buried ______ | Age ____ Buried ______ |
| Father ______ | Father ______ |
| Mother | Mother |

Married on at

| Childrens Names | Born | Died | Childrens Names | Born | Died |
|---|---|---|---|---|---|
| | | | | | |
| | | | | | |
| | | | | | |
| | | | | | |
| | | | | | |

Name (P80)

Born ____ Location ____

Died ____ Location ____

Age ____ Buried ____

Father ____

Mother

Name (P81)

Born ____ Location ____

Died ____ Location ____

Age ____ Buried ____

Father ____

Mother

Married on at

| Childrens Names | Born | Died |
|---|---|---|
| | | |
| | | |
| | | |
| | | |
| | | |

| Childrens Names | Born | Died |
|---|---|---|
| | | |
| | | |
| | | |
| | | |
| | | |

Name (P82)

Born ____ Location ____

Died ____ Location ____

Age ____ Buried ____

Father ____

Mother

Name (P83)

Born ____ Location ____

Died ____ Location ____

Age ____ Buried ____

Father ____

Mother

Married on at

| Childrens Names | Born | Died |
|---|---|---|
| | | |
| | | |
| | | |
| | | |
| | | |

| Childrens Names | Born | Died |
|---|---|---|
| | | |
| | | |
| | | |
| | | |
| | | |

## 5 x PATERNAL GREAT GRANDPARENTS

Name (P84)

Born ____ Location ____

Died ____ Location ____

Age ____ Buried ____

Father ____

Mother

Name (P85)

Born ____ Location ____

Died ____ Location ____

Age ____ Buried ____

Father ____

Mother

Married on at

| Childrens Names | Born | Died |
|---|---|---|
| | | |
| | | |
| | | |
| | | |
| | | |

| Childrens Names | Born | Died |
|---|---|---|
| | | |
| | | |
| | | |
| | | |
| | | |

Name (P86)

Born ____ Location ____

Died ____ Location ____

Age ____ Buried ____

Father ____

Mother

Name (P87)

Born ____ Location ____

Died ____ Location ____

Age ____ Buried ____

Father ____

Mother

Married on at

| Childrens Names | Born | Died |
|---|---|---|
| | | |
| | | |
| | | |
| | | |
| | | |

| Childrens Names | Born | Died |
|---|---|---|
| | | |
| | | |
| | | |
| | | |
| | | |

| Name (P88) | | Name (P89) | |
|---|---|---|---|
| Born | Location | Born | Location |
| Died | Location | Died | Location |
| Age | Buried | Age | Buried |
| Father | | Father | |
| Mother | | Mother | |

Married on at

| Childrens Names | Born | Died | Childrens Names | Born | Died |
|---|---|---|---|---|---|
| | | | | | |
| | | | | | |
| | | | | | |
| | | | | | |
| | | | | | |

| Name (P90) | | Name (P91) | |
|---|---|---|---|
| Born | Location | Born | Location |
| Died | Location | Died | Location |
| Age | Buried | Age | Buried |
| Father | | Father | |
| Mother | | Mother | |

Married on at

| Childrens Names | Born | Died | Childrens Names | Born | Died |
|---|---|---|---|---|---|
| | | | | | |
| | | | | | |
| | | | | | |
| | | | | | |
| | | | | | |

## 5 x PATERNAL GREAT GRANDPARENTS

| Name (P92) | | Name (P93) | |
|---|---|---|---|
| Born | Location | Born | Location |
| Died | Location | Died | Location |
| Age | Buried | Age | Buried |
| Father | | Father | |
| Mother | | Mother | |

Married on at

| Childrens Names | Born | Died | Childrens Names | Born | Died |
|---|---|---|---|---|---|
| | | | | | |
| | | | | | |
| | | | | | |
| | | | | | |
| | | | | | |

| Name (P94) | | Name (P95) | |
|---|---|---|---|
| Born | Location | Born | Location |
| Died | Location | Died | Location |
| Age | Buried | Age | Buried |
| Father | | Father | |
| Mother | | Mother | |

Married on at

| Childrens Names | Born | Died | Childrens Names | Born | Died |
|---|---|---|---|---|---|
| | | | | | |
| | | | | | |
| | | | | | |
| | | | | | |
| | | | | | |

Name (P96)

Born ____ Location ____

Died ____ Location ____

Age ____ Buried ____

Father ____

Mother

Name (P97)

Born ____ Location ____

Died ____ Location ____

Age ____ Buried ____

Father ____

Mother

Married on at

| Childrens Names | Born | Died | Childrens Names | Born | Died |
|---|---|---|---|---|---|
| | | | | | |
| | | | | | |
| | | | | | |
| | | | | | |
| | | | | | |

Name (P98)

Born ____ Location ____

Died ____ Location ____

Age ____ Buried ____

Father ____

Mother

Name (P99)

Born ____ Location ____

Died ____ Location ____

Age ____ Buried ____

Father ____

Mother

Married on at

| Childrens Names | Born | Died | Childrens Names | Born | Died |
|---|---|---|---|---|---|
| | | | | | |
| | | | | | |
| | | | | | |
| | | | | | |
| | | | | | |

## 5 x PATERNAL GREAT GRANDPARENTS

Name (P100)

Born ____ Location ____

Died ____ Location ____

Age ____ Buried ____

Father ____

Mother

Name (P101)

Born ____ Location ____

Died ____ Location ____

Age ____ Buried ____

Father ____

Mother

Married on at

| Childrens Names | Born | Died | Childrens Names | Born | Died |
|---|---|---|---|---|---|
| | | | | | |
| | | | | | |
| | | | | | |
| | | | | | |
| | | | | | |

Name (P102)

Born ____ Location ____

Died ____ Location ____

Age ____ Buried ____

Father ____

Mother

Name (P103)

Born ____ Location ____

Died ____ Location ____

Age ____ Buried ____

Father ____

Mother

Married on at

| Childrens Names | Born | Died | Childrens Names | Born | Died |
|---|---|---|---|---|---|
| | | | | | |
| | | | | | |
| | | | | | |
| | | | | | |
| | | | | | |

| Name (P104) | Name (P105) |
|---|---|
| Born ____ Location ____ | Born ____ Location ____ |
| Died ____ Location ____ | Died ____ Location ____ |
| Age ____ Buried ____ | Age ____ Buried ____ |
| Father ____ | Father ____ |
| Mother | Mother |

Married on at

| Childrens Names | Born | Died | Childrens Names | Born | Died |
|---|---|---|---|---|---|
| | | | | | |
| | | | | | |
| | | | | | |
| | | | | | |
| | | | | | |

| Name (P106) | Name (P107) |
|---|---|
| Born ____ Location ____ | Born ____ Location ____ |
| Died ____ Location ____ | Died ____ Location ____ |
| Age ____ Buried ____ | Age ____ Buried ____ |
| Father ____ | Father ____ |
| Mother | Mother |

Married on at

| Childrens Names | Born | Died | Childrens Names | Born | Died |
|---|---|---|---|---|---|
| | | | | | |
| | | | | | |
| | | | | | |
| | | | | | |
| | | | | | |

## 5 x PATERNAL GREAT GRANDPARENTS

| Name (P108) | Name (P109) |
|---|---|
| Born ____ Location ____ | Born ____ Location ____ |
| Died ____ Location ____ | Died ____ Location ____ |
| Age ____ Buried ____ | Age ____ Buried ____ |
| Father ____ | Father ____ |
| Mother | Mother |

Married on at

| Childrens Names | Born | Died | Childrens Names | Born | Died |
|---|---|---|---|---|---|
| | | | | | |
| | | | | | |
| | | | | | |
| | | | | | |
| | | | | | |

| Name (P110) | Name (P111) |
|---|---|
| Born ____ Location ____ | Born ____ Location ____ |
| Died ____ Location ____ | Died ____ Location ____ |
| Age ____ Buried ____ | Age ____ Buried ____ |
| Father ____ | Father ____ |
| Mother | Mother |

Married on at

| Childrens Names | Born | Died | Childrens Names | Born | Died |
|---|---|---|---|---|---|
| | | | | | |
| | | | | | |
| | | | | | |
| | | | | | |
| | | | | | |

Name (P112)

Born ________ Location ____________________

Died ________ Location ____________________

Age ____ Buried ____________________

Father ____________________

Mother

Name (P113)

Born ________ Location ____________________

Died ________ Location ____________________

Age ____ Buried ____________________

Father ____________________

Mother

Married on at

| Childrens Names | Born | Died | Childrens Names | Born | Died |
|---|---|---|---|---|---|
| | | | | | |
| | | | | | |
| | | | | | |
| | | | | | |
| | | | | | |

Name (P114)

Born ________ Location ____________________

Died ________ Location ____________________

Age ____ Buried ____________________

Father ____________________

Mother

Name (P115)

Born ________ Location ____________________

Died ________ Location ____________________

Age ____ Buried ____________________

Father ____________________

Mother

Married on at

| Childrens Names | Born | Died | Childrens Names | Born | Died |
|---|---|---|---|---|---|
| | | | | | |
| | | | | | |
| | | | | | |
| | | | | | |
| | | | | | |

## 5 x PATERNAL GREAT GRANDPARENTS

Name (P116)

Born ________ Location ____________________

Died ________ Location ____________________

Age ____ Buried ____________________

Father ____________________

Mother

Name (P117)

Born ________ Location ____________________

Died ________ Location ____________________

Age ____ Buried ____________________

Father ____________________

Mother

Married on at

| Childrens Names | Born | Died | Childrens Names | Born | Died |
|---|---|---|---|---|---|
| | | | | | |
| | | | | | |
| | | | | | |
| | | | | | |
| | | | | | |

Name (P118)

Born ________ Location ____________________

Died ________ Location ____________________

Age ____ Buried ____________________

Father ____________________

Mother

Name (P119)

Born ________ Location ____________________

Died ________ Location ____________________

Age ____ Buried ____________________

Father ____________________

Mother

Married on at

| Childrens Names | Born | Died | Childrens Names | Born | Died |
|---|---|---|---|---|---|
| | | | | | |
| | | | | | |
| | | | | | |
| | | | | | |
| | | | | | |

| Name (P120) | | | Name (P121) | | |
|---|---|---|---|---|---|
| Born ___ Location ___ | | | Born ___ Location ___ | | |
| Died ___ Location ___ | | | Died ___ Location ___ | | |
| Age ___ Buried ___ | | | Age ___ Buried ___ | | |
| Father ___ | | | Father ___ | | |
| Mother | | | Mother | | |
| Married on at | | | | | |
| Childrens Names | Born | Died | Childrens Names | Born | Died |
| | | | | | |
| | | | | | |
| | | | | | |
| | | | | | |
| | | | | | |

| Name (P122) | | | Name (P123) | | |
|---|---|---|---|---|---|
| Born ___ Location ___ | | | Born ___ Location ___ | | |
| Died ___ Location ___ | | | Died ___ Location ___ | | |
| Age ___ Buried ___ | | | Age ___ Buried ___ | | |
| Father ___ | | | Father ___ | | |
| Mother | | | Mother | | |
| Married on at | | | | | |
| Childrens Names | Born | Died | Childrens Names | Born | Died |
| | | | | | |
| | | | | | |
| | | | | | |
| | | | | | |
| | | | | | |

## 5 x PATERNAL GREAT GRANDPARENTS

| Name (P124) | | | Name (P125) | | |
|---|---|---|---|---|---|
| Born ___ Location ___ | | | Born ___ Location ___ | | |
| Died ___ Location ___ | | | Died ___ Location ___ | | |
| Age ___ Buried ___ | | | Age ___ Buried ___ | | |
| Father ___ | | | Father ___ | | |
| Mother | | | Mother | | |
| Married on at | | | | | |
| Childrens Names | Born | Died | Childrens Names | Born | Died |
| | | | | | |
| | | | | | |
| | | | | | |
| | | | | | |
| | | | | | |

| Name (P126) | | | Name (P127) | | |
|---|---|---|---|---|---|
| Born ___ Location ___ | | | Born ___ Location ___ | | |
| Died ___ Location ___ | | | Died ___ Location ___ | | |
| Age ___ Buried ___ | | | Age ___ Buried ___ | | |
| Father ___ | | | Father ___ | | |
| Mother | | | Mother | | |
| Married on at | | | | | |
| Childrens Names | Born | Died | Childrens Names | Born | Died |
| | | | | | |
| | | | | | |
| | | | | | |
| | | | | | |
| | | | | | |

| Name (P128) | | | Name (P129) | | |
|---|---|---|---|---|---|
| Born ______ Location ______ | | | Born ______ Location ______ | | |
| Died ______ Location ______ | | | Died ______ Location ______ | | |
| Age ____ Buried ______ | | | Age ____ Buried ______ | | |
| Father ______ | | | Father ______ | | |
| Mother | | | Mother | | |
| Married on at | | | | | |
| Childrens Names | Born | Died | Childrens Names | Born | Died |
| | | | | | |
| | | | | | |
| | | | | | |
| | | | | | |
| | | | | | |

| Name (P130) | | | Name (P131) | | |
|---|---|---|---|---|---|
| Born ______ Location ______ | | | Born ______ Location ______ | | |
| Died ______ Location ______ | | | Died ______ Location ______ | | |
| Age ____ Buried ______ | | | Age ____ Buried ______ | | |
| Father ______ | | | Father ______ | | |
| Mother | | | Mother | | |
| Married on at | | | | | |
| Childrens Names | Born | Died | Childrens Names | Born | Died |
| | | | | | |
| | | | | | |
| | | | | | |
| | | | | | |
| | | | | | |

## 6 x PATERNAL GREAT GRANDPARENTS

| Name (P132) | | | Name (P133) | | |
|---|---|---|---|---|---|
| Born ______ Location ______ | | | Born ______ Location ______ | | |
| Died ______ Location ______ | | | Died ______ Location ______ | | |
| Age ____ Buried ______ | | | Age ____ Buried ______ | | |
| Father ______ | | | Father ______ | | |
| Mother | | | Mother | | |
| Married on at | | | | | |
| Childrens Names | Born | Died | Childrens Names | Born | Died |
| | | | | | |
| | | | | | |
| | | | | | |
| | | | | | |
| | | | | | |

| Name (P134) | | | Name (P135) | | |
|---|---|---|---|---|---|
| Born ______ Location ______ | | | Born ______ Location ______ | | |
| Died ______ Location ______ | | | Died ______ Location ______ | | |
| Age ____ Buried ______ | | | Age ____ Buried ______ | | |
| Father ______ | | | Father ______ | | |
| Mother | | | Mother | | |
| Married on at | | | | | |
| Childrens Names | Born | Died | Childrens Names | Born | Died |
| | | | | | |
| | | | | | |
| | | | | | |
| | | | | | |
| | | | | | |

Name (P136)

Born ______ Location ______

Died ______ Location ______

Age ____ Buried ______

Father ______

Mother

Name (P137)

Born ______ Location ______

Died ______ Location ______

Age ____ Buried ______

Father ______

Mother

Married on at

| Childrens Names | Born | Died |
|---|---|---|
| | | |
| | | |
| | | |
| | | |
| | | |

| Childrens Names | Born | Died |
|---|---|---|
| | | |
| | | |
| | | |
| | | |
| | | |

Name (P138)

Born ______ Location ______

Died ______ Location ______

Age ____ Buried ______

Father ______

Mother

Name (P139)

Born ______ Location ______

Died ______ Location ______

Age ____ Buried ______

Father ______

Mother

Married on at

| Childrens Names | Born | Died |
|---|---|---|
| | | |
| | | |
| | | |
| | | |
| | | |

| Childrens Names | Born | Died |
|---|---|---|
| | | |
| | | |
| | | |
| | | |
| | | |

## 6 x PATERNAL GREAT GRANDPARENTS

Name (P140)

Born ______ Location ______

Died ______ Location ______

Age ____ Buried ______

Father ______

Mother

Name (P141)

Born ______ Location ______

Died ______ Location ______

Age ____ Buried ______

Father ______

Mother

Married on at

| Childrens Names | Born | Died |
|---|---|---|
| | | |
| | | |
| | | |
| | | |
| | | |

| Childrens Names | Born | Died |
|---|---|---|
| | | |
| | | |
| | | |
| | | |
| | | |

Name (P142)

Born ______ Location ______

Died ______ Location ______

Age ____ Buried ______

Father ______

Mother

Name (P143)

Born ______ Location ______

Died ______ Location ______

Age ____ Buried ______

Father ______

Mother

Married on at

| Childrens Names | Born | Died |
|---|---|---|
| | | |
| | | |
| | | |
| | | |
| | | |

| Childrens Names | Born | Died |
|---|---|---|
| | | |
| | | |
| | | |
| | | |
| | | |

Name (P144)
Born ___ Location ___
Died ___ Location ___
Age ___ Buried ___
Father ___
Mother

Name (P145)
Born ___ Location ___
Died ___ Location ___
Age ___ Buried ___
Father ___
Mother

Married on at

| Childrens Names | Born | Died | Childrens Names | Born | Died |
|---|---|---|---|---|---|
| | | | | | |
| | | | | | |
| | | | | | |
| | | | | | |
| | | | | | |

Name (P146)
Born ___ Location ___
Died ___ Location ___
Age ___ Buried ___
Father ___
Mother

Name (P147)
Born ___ Location ___
Died ___ Location ___
Age ___ Buried ___
Father ___
Mother

Married on at

| Childrens Names | Born | Died | Childrens Names | Born | Died |
|---|---|---|---|---|---|
| | | | | | |
| | | | | | |
| | | | | | |
| | | | | | |
| | | | | | |

## 6 x PATERNAL GREAT GRANDPARENTS

Name (P148)
Born ___ Location ___
Died ___ Location ___
Age ___ Buried ___
Father ___
Mother

Name (P149)
Born ___ Location ___
Died ___ Location ___
Age ___ Buried ___
Father ___
Mother

Married on at

| Childrens Names | Born | Died | Childrens Names | Born | Died |
|---|---|---|---|---|---|
| | | | | | |
| | | | | | |
| | | | | | |
| | | | | | |
| | | | | | |

Name (P150)
Born ___ Location ___
Died ___ Location ___
Age ___ Buried ___
Father ___
Mother

Name (P151)
Born ___ Location ___
Died ___ Location ___
Age ___ Buried ___
Father ___
Mother

Married on at

| Childrens Names | Born | Died | Childrens Names | Born | Died |
|---|---|---|---|---|---|
| | | | | | |
| | | | | | |
| | | | | | |
| | | | | | |
| | | | | | |

Name (P152)

Born ________ Location ________

Died ________ Location ________

Age ____ Buried ________

Father ________

Mother

Name (P153)

Born ________ Location ________

Died ________ Location ________

Age ____ Buried ________

Father ________

Mother

Married on at

| Childrens Names | Born | Died | Childrens Names | Born | Died |
|---|---|---|---|---|---|
| | | | | | |
| | | | | | |
| | | | | | |
| | | | | | |
| | | | | | |

Name (P154)

Born ________ Location ________

Died ________ Location ________

Age ____ Buried ________

Father ________

Mother

Name (P155)

Born ________ Location ________

Died ________ Location ________

Age ____ Buried ________

Father ________

Mother

Married on at

| Childrens Names | Born | Died | Childrens Names | Born | Died |
|---|---|---|---|---|---|
| | | | | | |
| | | | | | |
| | | | | | |
| | | | | | |
| | | | | | |

## 6 x PATERNAL GREAT GRANDPARENTS

Name (P156)

Born ________ Location ________

Died ________ Location ________

Age ____ Buried ________

Father ________

Mother

Name (P157)

Born ________ Location ________

Died ________ Location ________

Age ____ Buried ________

Father ________

Mother

Married on at

| Childrens Names | Born | Died | Childrens Names | Born | Died |
|---|---|---|---|---|---|
| | | | | | |
| | | | | | |
| | | | | | |
| | | | | | |
| | | | | | |

Name (P158)

Born ________ Location ________

Died ________ Location ________

Age ____ Buried ________

Father ________

Mother

Name (P159)

Born ________ Location ________

Died ________ Location ________

Age ____ Buried ________

Father ________

Mother

Married on at

| Childrens Names | Born | Died | Childrens Names | Born | Died |
|---|---|---|---|---|---|
| | | | | | |
| | | | | | |
| | | | | | |
| | | | | | |
| | | | | | |

| Name (P160) | Name (P161) |
|---|---|
| Born ________ Location ________ | Born ________ Location ________ |
| Died ________ Location ________ | Died ________ Location ________ |
| Age ____ Buried ________ | Age ____ Buried ________ |
| Father ________ | Father ________ |
| Mother | Mother |

Married on at

| Childrens Names | Born | Died | Childrens Names | Born | Died |
|---|---|---|---|---|---|
| | | | | | |
| | | | | | |
| | | | | | |
| | | | | | |
| | | | | | |

| Name (P162) | Name (P163) |
|---|---|
| Born ________ Location ________ | Born ________ Location ________ |
| Died ________ Location ________ | Died ________ Location ________ |
| Age ____ Buried ________ | Age ____ Buried ________ |
| Father ________ | Father ________ |
| Mother | Mother |

Married on at

| Childrens Names | Born | Died | Childrens Names | Born | Died |
|---|---|---|---|---|---|
| | | | | | |
| | | | | | |
| | | | | | |
| | | | | | |
| | | | | | |

## 6 x PATERNAL GREAT GRANDPARENTS

| Name (P164) | Name (P165) |
|---|---|
| Born ________ Location ________ | Born ________ Location ________ |
| Died ________ Location ________ | Died ________ Location ________ |
| Age ____ Buried ________ | Age ____ Buried ________ |
| Father ________ | Father ________ |
| Mother | Mother |

Married on at

| Childrens Names | Born | Died | Childrens Names | Born | Died |
|---|---|---|---|---|---|
| | | | | | |
| | | | | | |
| | | | | | |
| | | | | | |
| | | | | | |

| Name (P166) | Name (P167) |
|---|---|
| Born ________ Location ________ | Born ________ Location ________ |
| Died ________ Location ________ | Died ________ Location ________ |
| Age ____ Buried ________ | Age ____ Buried ________ |
| Father ________ | Father ________ |
| Mother | Mother |

Married on at

| Childrens Names | Born | Died | Childrens Names | Born | Died |
|---|---|---|---|---|---|
| | | | | | |
| | | | | | |
| | | | | | |
| | | | | | |
| | | | | | |

| Name (P168) | Name (P169) |
|---|---|
| Born ____ Location ____ | Born ____ Location ____ |
| Died ____ Location ____ | Died ____ Location ____ |
| Age ____ Buried ____ | Age ____ Buried ____ |
| Father ____ | Father ____ |
| Mother | Mother |

Married on at

| Childrens Names | Born | Died | Childrens Names | Born | Died |
|---|---|---|---|---|---|
| | | | | | |
| | | | | | |
| | | | | | |
| | | | | | |
| | | | | | |

| Name (P170) | Name (P171) |
|---|---|
| Born ____ Location ____ | Born ____ Location ____ |
| Died ____ Location ____ | Died ____ Location ____ |
| Age ____ Buried ____ | Age ____ Buried ____ |
| Father ____ | Father ____ |
| Mother | Mother |

Married on at

| Childrens Names | Born | Died | Childrens Names | Born | Died |
|---|---|---|---|---|---|
| | | | | | |
| | | | | | |
| | | | | | |
| | | | | | |
| | | | | | |

## 6 x PATERNAL GREAT GRANDPARENTS

| Name (P172) | Name (P173) |
|---|---|
| Born ____ Location ____ | Born ____ Location ____ |
| Died ____ Location ____ | Died ____ Location ____ |
| Age ____ Buried ____ | Age ____ Buried ____ |
| Father ____ | Father ____ |
| Mother | Mother |

Married on at

| Childrens Names | Born | Died | Childrens Names | Born | Died |
|---|---|---|---|---|---|
| | | | | | |
| | | | | | |
| | | | | | |
| | | | | | |
| | | | | | |

| Name (P174) | Name (P175) |
|---|---|
| Born ____ Location ____ | Born ____ Location ____ |
| Died ____ Location ____ | Died ____ Location ____ |
| Age ____ Buried ____ | Age ____ Buried ____ |
| Father ____ | Father ____ |
| Mother | Mother |

Married on at

| Childrens Names | Born | Died | Childrens Names | Born | Died |
|---|---|---|---|---|---|
| | | | | | |
| | | | | | |
| | | | | | |
| | | | | | |
| | | | | | |

| Name (P176) | Name (P177) |
|---|---|
| Born ______ Location ______ | Born ______ Location ______ |
| Died ______ Location ______ | Died ______ Location ______ |
| Age ____ Buried ______ | Age ____ Buried ______ |
| Father ______ | Father ______ |
| Mother | Mother |

Married on at

| Childrens Names | Born | Died | Childrens Names | Born | Died |
|---|---|---|---|---|---|
| | | | | | |
| | | | | | |
| | | | | | |
| | | | | | |
| | | | | | |

| Name (P178) | Name (P179) |
|---|---|
| Born ______ Location ______ | Born ______ Location ______ |
| Died ______ Location ______ | Died ______ Location ______ |
| Age ____ Buried ______ | Age ____ Buried ______ |
| Father ______ | Father ______ |
| Mother | Mother |

Married on at

| Childrens Names | Born | Died | Childrens Names | Born | Died |
|---|---|---|---|---|---|
| | | | | | |
| | | | | | |
| | | | | | |
| | | | | | |
| | | | | | |

## 6 x PATERNAL GREAT GRANDPARENTS

| Name (P180) | Name (P181) |
|---|---|
| Born ______ Location ______ | Born ______ Location ______ |
| Died ______ Location ______ | Died ______ Location ______ |
| Age ____ Buried ______ | Age ____ Buried ______ |
| Father ______ | Father ______ |
| Mother | Mother |

Married on at

| Childrens Names | Born | Died | Childrens Names | Born | Died |
|---|---|---|---|---|---|
| | | | | | |
| | | | | | |
| | | | | | |
| | | | | | |
| | | | | | |

| Name (P182) | Name (P183) |
|---|---|
| Born ______ Location ______ | Born ______ Location ______ |
| Died ______ Location ______ | Died ______ Location ______ |
| Age ____ Buried ______ | Age ____ Buried ______ |
| Father ______ | Father ______ |
| Mother | Mother |

Married on at

| Childrens Names | Born | Died | Childrens Names | Born | Died |
|---|---|---|---|---|---|
| | | | | | |
| | | | | | |
| | | | | | |
| | | | | | |
| | | | | | |

| Name (P184) | Name (P185) |
|---|---|
| Born ______ Location ______ | Born ______ Location ______ |
| Died ______ Location ______ | Died ______ Location ______ |
| Age ____ Buried ______ | Age ____ Buried ______ |
| Father ______ | Father ______ |
| Mother | Mother |

Married on at

| Childrens Names | Born | Died | Childrens Names | Born | Died |
|---|---|---|---|---|---|
| | | | | | |
| | | | | | |
| | | | | | |
| | | | | | |
| | | | | | |

| Name (P186) | Name (P187) |
|---|---|
| Born ______ Location ______ | Born ______ Location ______ |
| Died ______ Location ______ | Died ______ Location ______ |
| Age ____ Buried ______ | Age ____ Buried ______ |
| Father ______ | Father ______ |
| Mother | Mother |

Married on at

| Childrens Names | Born | Died | Childrens Names | Born | Died |
|---|---|---|---|---|---|
| | | | | | |
| | | | | | |
| | | | | | |
| | | | | | |
| | | | | | |

## 6 x PATERNAL GREAT GRANDPARENTS

| Name (P188) | Name (P189) |
|---|---|
| Born ______ Location ______ | Born ______ Location ______ |
| Died ______ Location ______ | Died ______ Location ______ |
| Age ____ Buried ______ | Age ____ Buried ______ |
| Father ______ | Father ______ |
| Mother | Mother |

Married on at

| Childrens Names | Born | Died | Childrens Names | Born | Died |
|---|---|---|---|---|---|
| | | | | | |
| | | | | | |
| | | | | | |
| | | | | | |
| | | | | | |

| Name (P190) | Name (P191) |
|---|---|
| Born ______ Location ______ | Born ______ Location ______ |
| Died ______ Location ______ | Died ______ Location ______ |
| Age ____ Buried ______ | Age ____ Buried ______ |
| Father ______ | Father ______ |
| Mother | Mother |

Married on at

| Childrens Names | Born | Died | Childrens Names | Born | Died |
|---|---|---|---|---|---|
| | | | | | |
| | | | | | |
| | | | | | |
| | | | | | |
| | | | | | |

Name (P192) | Name (P193)

Born ______ Location ______ | Born ______ Location ______
Died ______ Location ______ | Died ______ Location ______
Age ____ Buried ______ | Age ____ Buried ______
Father ______ | Father ______
Mother | Mother

Married on at

| Childrens Names | Born | Died | Childrens Names | Born | Died |
|---|---|---|---|---|---|
| | | | | | |
| | | | | | |
| | | | | | |
| | | | | | |
| | | | | | |

Name (P194) | Name (P195)

Born ______ Location ______ | Born ______ Location ______
Died ______ Location ______ | Died ______ Location ______
Age ____ Buried ______ | Age ____ Buried ______
Father ______ | Father ______
Mother | Mother

Married on at

| Childrens Names | Born | Died | Childrens Names | Born | Died |
|---|---|---|---|---|---|
| | | | | | |
| | | | | | |
| | | | | | |
| | | | | | |
| | | | | | |

## 6 x PATERNAL GREAT GRANDPARENTS

Name (P196) | Name (P197)

Born ______ Location ______ | Born ______ Location ______
Died ______ Location ______ | Died ______ Location ______
Age ____ Buried ______ | Age ____ Buried ______
Father ______ | Father ______
Mother | Mother

Married on at

| Childrens Names | Born | Died | Childrens Names | Born | Died |
|---|---|---|---|---|---|
| | | | | | |
| | | | | | |
| | | | | | |
| | | | | | |
| | | | | | |

Name (P198) | Name (P199)

Born ______ Location ______ | Born ______ Location ______
Died ______ Location ______ | Died ______ Location ______
Age ____ Buried ______ | Age ____ Buried ______
Father ______ | Father ______
Mother | Mother

Married on at

| Childrens Names | Born | Died | Childrens Names | Born | Died |
|---|---|---|---|---|---|
| | | | | | |
| | | | | | |
| | | | | | |
| | | | | | |
| | | | | | |

Name (P200)

Born ___ Location ___

Died ___ Location ___

Age ___ Buried ___

Father ___

Mother

Name (P201)

Born ___ Location ___

Died ___ Location ___

Age ___ Buried ___

Father ___

Mother

Married on at

| Childrens Names | Born | Died | Childrens Names | Born | Died |
|---|---|---|---|---|---|
| | | | | | |
| | | | | | |
| | | | | | |
| | | | | | |
| | | | | | |

Name (P202)

Born ___ Location ___

Died ___ Location ___

Age ___ Buried ___

Father ___

Mother

Name (P203)

Born ___ Location ___

Died ___ Location ___

Age ___ Buried ___

Father ___

Mother

Married on at

| Childrens Names | Born | Died | Childrens Names | Born | Died |
|---|---|---|---|---|---|
| | | | | | |
| | | | | | |
| | | | | | |
| | | | | | |
| | | | | | |

## 6 x PATERNAL GREAT GRANDPARENTS

Name (P204)

Born ___ Location ___

Died ___ Location ___

Age ___ Buried ___

Father ___

Mother

Name (P205)

Born ___ Location ___

Died ___ Location ___

Age ___ Buried ___

Father ___

Mother

Married on at

| Childrens Names | Born | Died | Childrens Names | Born | Died |
|---|---|---|---|---|---|
| | | | | | |
| | | | | | |
| | | | | | |
| | | | | | |
| | | | | | |

Name (P206)

Born ___ Location ___

Died ___ Location ___

Age ___ Buried ___

Father ___

Mother

Name (P207)

Born ___ Location ___

Died ___ Location ___

Age ___ Buried ___

Father ___

Mother

Married on at

| Childrens Names | Born | Died | Childrens Names | Born | Died |
|---|---|---|---|---|---|
| | | | | | |
| | | | | | |
| | | | | | |
| | | | | | |
| | | | | | |

| Name (P208) | | | Name (P209) | | |
|---|---|---|---|---|---|
| Born ___ Location ___ | | | Born ___ Location ___ | | |
| Died ___ Location ___ | | | Died ___ Location ___ | | |
| Age ___ Buried ___ | | | Age ___ Buried ___ | | |
| Father ___ | | | Father ___ | | |
| Mother | | | Mother | | |
| Married on at | | | | | |
| Childrens Names | Born | Died | Childrens Names | Born | Died |
| | | | | | |
| | | | | | |
| | | | | | |
| | | | | | |
| | | | | | |

| Name (P210) | | | Name (P211) | | |
|---|---|---|---|---|---|
| Born ___ Location ___ | | | Born ___ Location ___ | | |
| Died ___ Location ___ | | | Died ___ Location ___ | | |
| Age ___ Buried ___ | | | Age ___ Buried ___ | | |
| Father ___ | | | Father ___ | | |
| Mother | | | Mother | | |
| Married on at | | | | | |
| Childrens Names | Born | Died | Childrens Names | Born | Died |
| | | | | | |
| | | | | | |
| | | | | | |
| | | | | | |
| | | | | | |

## 6 x PATERNAL GREAT GRANDPARENTS

| Name (P212) | | | Name (P213) | | |
|---|---|---|---|---|---|
| Born ___ Location ___ | | | Born ___ Location ___ | | |
| Died ___ Location ___ | | | Died ___ Location ___ | | |
| Age ___ Buried ___ | | | Age ___ Buried ___ | | |
| Father ___ | | | Father ___ | | |
| Mother | | | Mother | | |
| Married on at | | | | | |
| Childrens Names | Born | Died | Childrens Names | Born | Died |
| | | | | | |
| | | | | | |
| | | | | | |
| | | | | | |
| | | | | | |

| Name (P214) | | | Name (P215) | | |
|---|---|---|---|---|---|
| Born ___ Location ___ | | | Born ___ Location ___ | | |
| Died ___ Location ___ | | | Died ___ Location ___ | | |
| Age ___ Buried ___ | | | Age ___ Buried ___ | | |
| Father ___ | | | Father ___ | | |
| Mother | | | Mother | | |
| Married on at | | | | | |
| Childrens Names | Born | Died | Childrens Names | Born | Died |
| | | | | | |
| | | | | | |
| | | | | | |
| | | | | | |
| | | | | | |

| Name (P216) | Name (P217) |
|---|---|
| Born ______ Location ______ | Born ______ Location ______ |
| Died ______ Location ______ | Died ______ Location ______ |
| Age ____ Buried ______ | Age ____ Buried ______ |
| Father ______ | Father ______ |
| Mother | Mother |

Married on at

| Childrens Names | Born | Died | Childrens Names | Born | Died |
|---|---|---|---|---|---|
| | | | | | |
| | | | | | |
| | | | | | |
| | | | | | |
| | | | | | |

| Name (P218) | Name (P219) |
|---|---|
| Born ______ Location ______ | Born ______ Location ______ |
| Died ______ Location ______ | Died ______ Location ______ |
| Age ____ Buried ______ | Age ____ Buried ______ |
| Father ______ | Father ______ |
| Mother | Mother |

Married on at

| Childrens Names | Born | Died | Childrens Names | Born | Died |
|---|---|---|---|---|---|
| | | | | | |
| | | | | | |
| | | | | | |
| | | | | | |
| | | | | | |

## 6 x PATERNAL GREAT GRANDPARENTS

| Name (P220) | Name (P221) |
|---|---|
| Born ______ Location ______ | Born ______ Location ______ |
| Died ______ Location ______ | Died ______ Location ______ |
| Age ____ Buried ______ | Age ____ Buried ______ |
| Father ______ | Father ______ |
| Mother | Mother |

Married on at

| Childrens Names | Born | Died | Childrens Names | Born | Died |
|---|---|---|---|---|---|
| | | | | | |
| | | | | | |
| | | | | | |
| | | | | | |
| | | | | | |

| Name (P222) | Name (P223) |
|---|---|
| Born ______ Location ______ | Born ______ Location ______ |
| Died ______ Location ______ | Died ______ Location ______ |
| Age ____ Buried ______ | Age ____ Buried ______ |
| Father ______ | Father ______ |
| Mother | Mother |

Married on at

| Childrens Names | Born | Died | Childrens Names | Born | Died |
|---|---|---|---|---|---|
| | | | | | |
| | | | | | |
| | | | | | |
| | | | | | |
| | | | | | |

| Name (P224) | Name (P225) |
|---|---|
| Born ____ Location ____ | Born ____ Location ____ |
| Died ____ Location ____ | Died ____ Location ____ |
| Age ____ Buried ____ | Age ____ Buried ____ |
| Father ____ | Father ____ |
| Mother | Mother |

Married on at

| Childrens Names | Born | Died | Childrens Names | Born | Died |
|---|---|---|---|---|---|
| | | | | | |
| | | | | | |
| | | | | | |
| | | | | | |
| | | | | | |

| Name (P226) | Name (P227) |
|---|---|
| Born ____ Location ____ | Born ____ Location ____ |
| Died ____ Location ____ | Died ____ Location ____ |
| Age ____ Buried ____ | Age ____ Buried ____ |
| Father ____ | Father ____ |
| Mother | Mother |

Married on at

| Childrens Names | Born | Died | Childrens Names | Born | Died |
|---|---|---|---|---|---|
| | | | | | |
| | | | | | |
| | | | | | |
| | | | | | |
| | | | | | |

## 6 x PATERNAL GREAT GRANDPARENTS

| Name (P228) | Name (P229) |
|---|---|
| Born ____ Location ____ | Born ____ Location ____ |
| Died ____ Location ____ | Died ____ Location ____ |
| Age ____ Buried ____ | Age ____ Buried ____ |
| Father ____ | Father ____ |
| Mother | Mother |

Married on at

| Childrens Names | Born | Died | Childrens Names | Born | Died |
|---|---|---|---|---|---|
| | | | | | |
| | | | | | |
| | | | | | |
| | | | | | |
| | | | | | |

| Name (P230) | Name (P231) |
|---|---|
| Born ____ Location ____ | Born ____ Location ____ |
| Died ____ Location ____ | Died ____ Location ____ |
| Age ____ Buried ____ | Age ____ Buried ____ |
| Father ____ | Father ____ |
| Mother | Mother |

Married on at

| Childrens Names | Born | Died | Childrens Names | Born | Died |
|---|---|---|---|---|---|
| | | | | | |
| | | | | | |
| | | | | | |
| | | | | | |
| | | | | | |

Name (P232)

Born ______ Location ______

Died ______ Location ______

Age ____ Buried ______

Father ______

Mother

Name (P233)

Born ______ Location ______

Died ______ Location ______

Age ____ Buried ______

Father ______

Mother

Married on at

| Childrens Names | Born | Died |
|---|---|---|
| | | |
| | | |
| | | |
| | | |
| | | |

| Childrens Names | Born | Died |
|---|---|---|
| | | |
| | | |
| | | |
| | | |
| | | |

Name (P234)

Born ______ Location ______

Died ______ Location ______

Age ____ Buried ______

Father ______

Mother

Name (P235)

Born ______ Location ______

Died ______ Location ______

Age ____ Buried ______

Father ______

Mother

Married on at

| Childrens Names | Born | Died |
|---|---|---|
| | | |
| | | |
| | | |
| | | |
| | | |

| Childrens Names | Born | Died |
|---|---|---|
| | | |
| | | |
| | | |
| | | |
| | | |

## 6 x PATERNAL GREAT GRANDPARENTS

Name (P236)

Born ______ Location ______

Died ______ Location ______

Age ____ Buried ______

Father ______

Mother

Name (P237)

Born ______ Location ______

Died ______ Location ______

Age ____ Buried ______

Father ______

Mother

Married on at

| Childrens Names | Born | Died |
|---|---|---|
| | | |
| | | |
| | | |
| | | |
| | | |

| Childrens Names | Born | Died |
|---|---|---|
| | | |
| | | |
| | | |
| | | |
| | | |

Name (P238)

Born ______ Location ______

Died ______ Location ______

Age ____ Buried ______

Father ______

Mother

Name (P239)

Born ______ Location ______

Died ______ Location ______

Age ____ Buried ______

Father ______

Mother

Married on at

| Childrens Names | Born | Died |
|---|---|---|
| | | |
| | | |
| | | |
| | | |
| | | |

| Childrens Names | Born | Died |
|---|---|---|
| | | |
| | | |
| | | |
| | | |
| | | |

Name (P240) | Name (P241)

Born ______ Location ______ | Born ______ Location ______

Died ______ Location ______ | Died ______ Location ______

Age ____ Buried ______ | Age ____ Buried ______

Father ______ | Father ______

Mother | Mother

Married on at

| Childrens Names | Born | Died | Childrens Names | Born | Died |
|---|---|---|---|---|---|
| | | | | | |
| | | | | | |
| | | | | | |
| | | | | | |
| | | | | | |

Name (P242) | Name (P243)

Born ______ Location ______ | Born ______ Location ______

Died ______ Location ______ | Died ______ Location ______

Age ____ Buried ______ | Age ____ Buried ______

Father ______ | Father ______

Mother | Mother

Married on at

| Childrens Names | Born | Died | Childrens Names | Born | Died |
|---|---|---|---|---|---|
| | | | | | |
| | | | | | |
| | | | | | |
| | | | | | |
| | | | | | |

## 6 x PATERNAL GREAT GRANDPARENTS

Name (P244) | Name (P245)

Born ______ Location ______ | Born ______ Location ______

Died ______ Location ______ | Died ______ Location ______

Age ____ Buried ______ | Age ____ Buried ______

Father ______ | Father ______

Mother | Mother

Married on at

| Childrens Names | Born | Died | Childrens Names | Born | Died |
|---|---|---|---|---|---|
| | | | | | |
| | | | | | |
| | | | | | |
| | | | | | |
| | | | | | |

Name (P246) | Name (P247)

Born ______ Location ______ | Born ______ Location ______

Died ______ Location ______ | Died ______ Location ______

Age ____ Buried ______ | Age ____ Buried ______

Father ______ | Father ______

Mother | Mother

Married on at

| Childrens Names | Born | Died | Childrens Names | Born | Died |
|---|---|---|---|---|---|
| | | | | | |
| | | | | | |
| | | | | | |
| | | | | | |
| | | | | | |

Name (P248)

Born ______ Location ______

Died ______ Location ______

Age ______ Buried ______

Father ______

Mother

Name (P249)

Born ______ Location ______

Died ______ Location ______

Age ______ Buried ______

Father ______

Mother

Married on at

| Childrens Names | Born | Died | Childrens Names | Born | Died |
|---|---|---|---|---|---|
| | | | | | |
| | | | | | |
| | | | | | |
| | | | | | |
| | | | | | |

Name (P250)

Born ______ Location ______

Died ______ Location ______

Age ______ Buried ______

Father ______

Mother

Name (P251)

Born ______ Location ______

Died ______ Location ______

Age ______ Buried ______

Father ______

Mother

Married on at

| Childrens Names | Born | Died | Childrens Names | Born | Died |
|---|---|---|---|---|---|
| | | | | | |
| | | | | | |
| | | | | | |
| | | | | | |
| | | | | | |

## 6 x PATERNAL GREAT GRANDPARENTS

Name (P252)

Born ______ Location ______

Died ______ Location ______

Age ______ Buried ______

Father ______

Mother

Name (P253)

Born ______ Location ______

Died ______ Location ______

Age ______ Buried ______

Father ______

Mother

Married on at

| Childrens Names | Born | Died | Childrens Names | Born | Died |
|---|---|---|---|---|---|
| | | | | | |
| | | | | | |
| | | | | | |
| | | | | | |
| | | | | | |

Name (P254)

Born Location

Died ______ Location ______

Age ______ Buried ______

Father ______

Mother

Name (P255)

Born ______ Location ______

Died ______ Location ______

Age ______ Buried ______

Father ______

Mother

Married on at

| Childrens Names | Born | Died | Childrens Names | Born | Died |
|---|---|---|---|---|---|
| | | | | | |
| | | | | | |
| | | | | | |
| | | | | | |
| | | | | | |

Name (M248)

Born ______ Location ______

Died ______ Location ______

Age ______ Buried ______

Father ______

Mother

Name (M249)

Born ______ Location ______

Died ______ Location ______

Age ______ Buried ______

Father ______

Mother

Married on at

| Childrens Names | Born | Died | Childrens Names | Born | Died |
|---|---|---|---|---|---|
| | | | | | |
| | | | | | |
| | | | | | |
| | | | | | |
| | | | | | |

Name (M250)

Born ______ Location ______

Died ______ Location ______

Age ______ Buried ______

Father ______

Mother

Name (M251)

Born ______ Location ______

Died ______ Location ______

Age ______ Buried ______

Father ______

Mother

Married on at

| Childrens Names | Born | Died | Childrens Names | Born | Died |
|---|---|---|---|---|---|
| | | | | | |
| | | | | | |
| | | | | | |
| | | | | | |
| | | | | | |

## 6 x MATERNAL GREAT GRANDPARENTS

Name (M252)

Born ______ Location ______

Died ______ Location ______

Age ______ Buried ______

Father ______

Mother

Name (M253)

Born ______ Location ______

Died ______ Location ______

Age ______ Buried ______

Father ______

Mother

Married on at

| Childrens Names | Born | Died | Childrens Names | Born | Died |
|---|---|---|---|---|---|
| | | | | | |
| | | | | | |
| | | | | | |
| | | | | | |
| | | | | | |

Name (M254)

Born ______ Location ______

Died ______ Location ______

Age ______ Buried ______

Father ______

Mother

Name (M255)

Born ______ Location ______

Died ______ Location ______

Age ______ Buried ______

Father ______

Mother

Married on at

| Childrens Names | Born | Died | Childrens Names | Born | Died |
|---|---|---|---|---|---|
| | | | | | |
| | | | | | |
| | | | | | |
| | | | | | |
| | | | | | |

| Name (M240) | Name (M241) |
|---|---|
| Born ____ Location ____ | Born ____ Location ____ |
| Died ____ Location ____ | Died ____ Location ____ |
| Age ____ Buried ____ | Age ____ Buried ____ |
| Father ____ | Father ____ |
| Mother | Mother |

Married on at

| Childrens Names | Born | Died | Childrens Names | Born | Died |
|---|---|---|---|---|---|
| | | | | | |
| | | | | | |
| | | | | | |
| | | | | | |
| | | | | | |

| Name (M242) | Name (M243) |
|---|---|
| Born ____ Location ____ | Born ____ Location ____ |
| Died ____ Location ____ | Died ____ Location ____ |
| Age ____ Buried ____ | Age ____ Buried ____ |
| Father ____ | Father ____ |
| Mother | Mother |

Married on at

| Childrens Names | Born | Died | Childrens Names | Born | Died |
|---|---|---|---|---|---|
| | | | | | |
| | | | | | |
| | | | | | |
| | | | | | |
| | | | | | |

## 6 x MATERNAL GREAT GRANDPARENTS

| Name (M244) | Name (M245) |
|---|---|
| Born ____ Location ____ | Born ____ Location ____ |
| Died ____ Location ____ | Died ____ Location ____ |
| Age ____ Buried ____ | Age ____ Buried ____ |
| Father ____ | Father ____ |
| Mother | Mother |

Married on at

| Childrens Names | Born | Died | Childrens Names | Born | Died |
|---|---|---|---|---|---|
| | | | | | |
| | | | | | |
| | | | | | |
| | | | | | |
| | | | | | |

| Name (M246) | Name (M247) |
|---|---|
| Born ____ Location ____ | Born ____ Location ____ |
| Died ____ Location ____ | Died ____ Location ____ |
| Age ____ Buried ____ | Age ____ Buried ____ |
| Father ____ | Father ____ |
| Mother | Mother |

Married on at

| Childrens Names | Born | Died | Childrens Names | Born | Died |
|---|---|---|---|---|---|
| | | | | | |
| | | | | | |
| | | | | | |
| | | | | | |
| | | | | | |

Name (M232)
Born ____ Location ____
Died ____ Location ____
Age ____ Buried ____
Father ____
Mother

Name (M233)
Born ____ Location ____
Died ____ Location ____
Age ____ Buried ____
Father ____
Mother

Married on at

| Childrens Names | Born | Died | Childrens Names | Born | Died |
|---|---|---|---|---|---|
| | | | | | |
| | | | | | |
| | | | | | |
| | | | | | |
| | | | | | |

Name (M234)
Born ____ Location ____
Died ____ Location ____
Age ____ Buried ____
Father ____
Mother

Name (M235)
Born ____ Location ____
Died ____ Location ____
Age ____ Buried ____
Father ____
Mother

Married on at

| Childrens Names | Born | Died | Childrens Names | Born | Died |
|---|---|---|---|---|---|
| | | | | | |
| | | | | | |
| | | | | | |
| | | | | | |
| | | | | | |

## 6 x MATERNAL GREAT GRANDPARENTS

Name (M236)
Born ____ Location ____
Died ____ Location ____
Age ____ Buried ____
Father ____
Mother

Name (M237)
Born ____ Location ____
Died ____ Location ____
Age ____ Buried ____
Father ____
Mother

Married on at

| Childrens Names | Born | Died | Childrens Names | Born | Died |
|---|---|---|---|---|---|
| | | | | | |
| | | | | | |
| | | | | | |
| | | | | | |
| | | | | | |

Name (M238)
Born ____ Location ____
Died ____ Location ____
Age ____ Buried ____
Father ____
Mother

Name (M239)
Born ____ Location ____
Died ____ Location ____
Age ____ Buried ____
Father ____
Mother

Married on at

| Childrens Names | Born | Died | Childrens Names | Born | Died |
|---|---|---|---|---|---|
| | | | | | |
| | | | | | |
| | | | | | |
| | | | | | |
| | | | | | |

Name (M224)
Born ______ Location ______
Died ______ Location ______
Age ____ Buried ______
Father ______
Mother

Name (M225)
Born ______ Location ______
Died ______ Location ______
Age ____ Buried ______
Father ______
Mother

Married on at

| Childrens Names | Born | Died | Childrens Names | Born | Died |
|---|---|---|---|---|---|
| | | | | | |
| | | | | | |
| | | | | | |
| | | | | | |
| | | | | | |

Name (M226)
Born ______ Location ______
Died ______ Location ______
Age ____ Buried ______
Father ______
Mother

Name (M227)
Born ______ Location ______
Died ______ Location ______
Age ____ Buried ______
Father ______
Mother

Married on at

| Childrens Names | Born | Died | Childrens Names | Born | Died |
|---|---|---|---|---|---|
| | | | | | |
| | | | | | |
| | | | | | |
| | | | | | |
| | | | | | |

## 6 x MATERNAL GREAT GRANDPARENTS

Name (M228)
Born ______ Location ______
Died ______ Location ______
Age ____ Buried ______
Father ______
Mother

Name (M229)
Born ______ Location ______
Died ______ Location ______
Age ____ Buried ______
Father ______
Mother

Married on at

| Childrens Names | Born | Died | Childrens Names | Born | Died |
|---|---|---|---|---|---|
| | | | | | |
| | | | | | |
| | | | | | |
| | | | | | |
| | | | | | |

Name (M230)
Born ______ Location ______
Died ______ Location ______
Age ____ Buried ______
Father ______
Mother

Name (M231)
Born ______ Location ______
Died ______ Location ______
Age ____ Buried ______
Father ______
Mother

Married on at

| Childrens Names | Born | Died | Childrens Names | Born | Died |
|---|---|---|---|---|---|
| | | | | | |
| | | | | | |
| | | | | | |
| | | | | | |
| | | | | | |

| Name (M216) | Name (M217) |
|---|---|
| Born ______ Location ______ | Born ______ Location ______ |
| Died ______ Location ______ | Died ______ Location ______ |
| Age ____ Buried ______ | Age ____ Buried ______ |
| Father ______ | Father ______ |
| Mother | Mother |

Married on at

| Childrens Names | Born | Died | Childrens Names | Born | Died |
|---|---|---|---|---|---|
| | | | | | |
| | | | | | |
| | | | | | |
| | | | | | |
| | | | | | |

| Name (M218) | Name (M219) |
|---|---|
| Born ______ Location ______ | Born ______ Location ______ |
| Died ______ Location ______ | Died ______ Location ______ |
| Age ____ Buried ______ | Age ____ Buried ______ |
| Father ______ | Father ______ |
| Mother | Mother |

Married on at

| Childrens Names | Born | Died | Childrens Names | Born | Died |
|---|---|---|---|---|---|
| | | | | | |
| | | | | | |
| | | | | | |
| | | | | | |
| | | | | | |



| Name (M220) | Name (M221) |
|---|---|
| Born ______ Location ______ | Born ______ Location ______ |
| Died ______ Location ______ | Died ______ Location ______ |
| Age ____ Buried ______ | Age ____ Buried ______ |
| Father ______ | Father ______ |
| Mother | Mother |

Married on at

| Childrens Names | Born | Died | Childrens Names | Born | Died |
|---|---|---|---|---|---|
| | | | | | |
| | | | | | |
| | | | | | |
| | | | | | |
| | | | | | |

| Name (M222) | Name (M223) |
|---|---|
| Born ______ Location ______ | Born ______ Location ______ |
| Died ______ Location ______ | Died ______ Location ______ |
| Age ____ Buried ______ | Age ____ Buried ______ |
| Father ______ | Father ______ |
| Mother | Mother |

Married on at

| Childrens Names | Born | Died | Childrens Names | Born | Died |
|---|---|---|---|---|---|
| | | | | | |
| | | | | | |
| | | | | | |
| | | | | | |
| | | | | | |

| Name (M208) | Name (M209) |
|---|---|
| Born ______ Location ______ | Born ______ Location ______ |
| Died ______ Location ______ | Died ______ Location ______ |
| Age ____ Buried ______ | Age ____ Buried ______ |
| Father ______ | Father ______ |
| Mother | Mother |

Married on at

| Childrens Names | Born | Died | Childrens Names | Born | Died |
|---|---|---|---|---|---|
| | | | | | |
| | | | | | |
| | | | | | |
| | | | | | |
| | | | | | |

| Name (M210) | Name (M211) |
|---|---|
| Born ______ Location ______ | Born ______ Location ______ |
| Died ______ Location ______ | Died ______ Location ______ |
| Age ____ Buried ______ | Age ____ Buried ______ |
| Father ______ | Father ______ |
| Mother | Mother |

Married on at

| Childrens Names | Born | Died | Childrens Names | Born | Died |
|---|---|---|---|---|---|
| | | | | | |
| | | | | | |
| | | | | | |
| | | | | | |
| | | | | | |

## 6 x MATERNAL GREAT GRANDPARENTS

| Name (M212) | Name (M213) |
|---|---|
| Born ______ Location ______ | Born ______ Location ______ |
| Died ______ Location ______ | Died ______ Location ______ |
| Age ____ Buried ______ | Age ____ Buried ______ |
| Father ______ | Father ______ |
| Mother | Mother |

Married on at

| Childrens Names | Born | Died | Childrens Names | Born | Died |
|---|---|---|---|---|---|
| | | | | | |
| | | | | | |
| | | | | | |
| | | | | | |
| | | | | | |

| Name (M214) | Name (M215) |
|---|---|
| Born ______ Location ______ | Born ______ Location ______ |
| Died ______ Location ______ | Died ______ Location ______ |
| Age ____ Buried ______ | Age ____ Buried ______ |
| Father ______ | Father ______ |
| Mother | Mother |

Married on at

| Childrens Names | Born | Died | Childrens Names | Born | Died |
|---|---|---|---|---|---|
| | | | | | |
| | | | | | |
| | | | | | |
| | | | | | |
| | | | | | |

Name (M200)
Born ____ Location ____
Died ____ Location ____
Age ____ Buried ____
Father ____
Mother

Name (M201)
Born ____ Location ____
Died ____ Location ____
Age ____ Buried ____
Father ____
Mother

Married on at

| Childrens Names | Born | Died | Childrens Names | Born | Died |
|---|---|---|---|---|---|
| | | | | | |
| | | | | | |
| | | | | | |
| | | | | | |
| | | | | | |

Name (M202)
Born ____ Location ____
Died ____ Location ____
Age ____ Buried ____
Father ____
Mother

Name (M203)
Born ____ Location ____
Died ____ Location ____
Age ____ Buried ____
Father ____
Mother

Married on at

| Childrens Names | Born | Died | Childrens Names | Born | Died |
|---|---|---|---|---|---|
| | | | | | |
| | | | | | |
| | | | | | |
| | | | | | |
| | | | | | |

## 6 x MATERNAL GREAT GRANDPARENTS

Name (M204)
Born ____ Location ____
Died ____ Location ____
Age ____ Buried ____
Father ____
Mother

Name (M205)
Born ____ Location ____
Died ____ Location ____
Age ____ Buried ____
Father ____
Mother

Married on at

| Childrens Names | Born | Died | Childrens Names | Born | Died |
|---|---|---|---|---|---|
| | | | | | |
| | | | | | |
| | | | | | |
| | | | | | |
| | | | | | |

Name (M206)
Born ____ Location ____
Died ____ Location ____
Age ____ Buried ____
Father ____
Mother

Name (M207)
Born ____ Location ____
Died ____ Location ____
Age ____ Buried ____
Father ____
Mother

Married on at

| Childrens Names | Born | Died | Childrens Names | Born | Died |
|---|---|---|---|---|---|
| | | | | | |
| | | | | | |
| | | | | | |
| | | | | | |
| | | | | | |

| Name M192) | Name (M193) |
|---|---|
| Born ______ Location ______ | Born ______ Location ______ |
| Died ______ Location ______ | Died ______ Location ______ |
| Age ____ Buried ______ | Age ____ Buried ______ |
| Father ______ | Father ______ |
| Mother | Mother |

Married on at

| Childrens Names | Born | Died | Childrens Names | Born | Died |
|---|---|---|---|---|---|
| | | | | | |
| | | | | | |
| | | | | | |
| | | | | | |
| | | | | | |

| Name (M194) | Name (M195) |
|---|---|
| Born ______ Location ______ | Born ______ Location ______ |
| Died ______ Location ______ | Died ______ Location ______ |
| Age ____ Buried ______ | Age ____ Buried ______ |
| Father ______ | Father ______ |
| Mother | Mother |

Married on at

| Childrens Names | Born | Died | Childrens Names | Born | Died |
|---|---|---|---|---|---|
| | | | | | |
| | | | | | |
| | | | | | |
| | | | | | |
| | | | | | |

## 6 x MATERNAL GREAT GRANDPARENTS

| Name (M196) | Name (M197) |
|---|---|
| Born ______ Location ______ | Born ______ Location ______ |
| Died ______ Location ______ | Died ______ Location ______ |
| Age ____ Buried ______ | Age ____ Buried ______ |
| Father ______ | Father ______ |
| Mother | Mother |

Married on at

| Childrens Names | Born | Died | Childrens Names | Born | Died |
|---|---|---|---|---|---|
| | | | | | |
| | | | | | |
| | | | | | |
| | | | | | |
| | | | | | |

| Name (M198) | Name (M199) |
|---|---|
| Born ______ Location ______ | Born ______ Location ______ |
| Died ______ Location ______ | Died ______ Location ______ |
| Age ____ Buried ______ | Age ____ Buried ______ |
| Father ______ | Father ______ |
| Mother | Mother |

Married on at

| Childrens Names | Born | Died | Childrens Names | Born | Died |
|---|---|---|---|---|---|
| | | | | | |
| | | | | | |
| | | | | | |
| | | | | | |
| | | | | | |

Name (M184)

Born ________ Location ________

Died ________ Location ________

Age ____ Buried ________

Father ________

Mother

Name (M185)

Born ________ Location ________

Died ________ Location ________

Age ____ Buried ________

Father ________

Mother

Married on at

| Childrens Names | Born | Died | Childrens Names | Born | Died |
|---|---|---|---|---|---|
| | | | | | |
| | | | | | |
| | | | | | |
| | | | | | |
| | | | | | |

Name (M186)

Born ________ Location ________

Died ________ Location ________

Age ____ Buried ________

Father ________

Mother

Name (M187)

Born ________ Location ________

Died ________ Location ________

Age ____ Buried ________

Father ________

Mother

Married on at

| Childrens Names | Born | Died | Childrens Names | Born | Died |
|---|---|---|---|---|---|
| | | | | | |
| | | | | | |
| | | | | | |
| | | | | | |
| | | | | | |



Name (M188)

Born ________ Location ________

Died ________ Location ________

Age ____ Buried ________

Father ________

Mother

Name (M189)

Born ________ Location ________

Died ________ Location ________

Age ____ Buried ________

Father ________

Mother

Married on at

| Childrens Names | Born | Died | Childrens Names | Born | Died |
|---|---|---|---|---|---|
| | | | | | |
| | | | | | |
| | | | | | |
| | | | | | |
| | | | | | |

Name (M190)

Born ________ Location ________

Died ________ Location ________

Age ____ Buried ________

Father ________

Mother

Name (M191)

Born ________ Location ________

Died ________ Location ________

Age ____ Buried ________

Father ________

Mother

Married on at

| Childrens Names | Born | Died | Childrens Names | Born | Died |
|---|---|---|---|---|---|
| | | | | | |
| | | | | | |
| | | | | | |
| | | | | | |
| | | | | | |

Name (M176)

Born ____ Location ____

Died ____ Location ____

Age ____ Buried ____

Father ____

Mother

Name (M177)

Born ____ Location ____

Died ____ Location ____

Age ____ Buried ____

Father ____

Mother

Married on at

| Childrens Names | Born | Died | Childrens Names | Born | Died |
|---|---|---|---|---|---|
| | | | | | |
| | | | | | |
| | | | | | |
| | | | | | |
| | | | | | |

Name (M178)

Born ____ Location ____

Died ____ Location ____

Age ____ Buried ____

Father ____

Mother

Name (M179)

Born ____ Location ____

Died ____ Location ____

Age ____ Buried ____

Father ____

Mother

Married on at

| Childrens Names | Born | Died | Childrens Names | Born | Died |
|---|---|---|---|---|---|
| | | | | | |
| | | | | | |
| | | | | | |
| | | | | | |
| | | | | | |

## 6 x MATERNAL GREAT GRANDPARENTS

Name (M180)

Born ____ Location ____

Died ____ Location ____

Age ____ Buried ____

Father ____

Mother

Name (M181)

Born ____ Location ____

Died ____ Location ____

Age ____ Buried ____

Father ____

Mother

Married on at

| Childrens Names | Born | Died | Childrens Names | Born | Died |
|---|---|---|---|---|---|
| | | | | | |
| | | | | | |
| | | | | | |
| | | | | | |
| | | | | | |

Name (M182)

Born ____ Location ____

Died ____ Location ____

Age ____ Buried ____

Father ____

Mother

Name (M183)

Born ____ Location ____

Died ____ Location ____

Age ____ Buried ____

Father ____

Mother

Married on at

| Childrens Names | Born | Died | Childrens Names | Born | Died |
|---|---|---|---|---|---|
| | | | | | |
| | | | | | |
| | | | | | |
| | | | | | |
| | | | | | |

Name (M168)
Born ____ Location ____
Died ____ Location ____
Age ____ Buried ____
Father ____
Mother ____

Name (M169)
Born ____ Location ____
Died ____ Location ____
Age ____ Buried ____
Father ____
Mother ____

Married on ____ at ____

| Childrens Names | Born | Died | Childrens Names | Born | Died |
|---|---|---|---|---|---|
| | | | | | |
| | | | | | |
| | | | | | |
| | | | | | |
| | | | | | |

Name (M170)
Born ____ Location ____
Died ____ Location ____
Age ____ Buried ____
Father ____
Mother ____

Name (M171)
Born ____ Location ____
Died ____ Location ____
Age ____ Buried ____
Father ____
Mother ____

Married on ____ at ____

| Childrens Names | Born | Died | Childrens Names | Born | Died |
|---|---|---|---|---|---|
| | | | | | |
| | | | | | |
| | | | | | |
| | | | | | |
| | | | | | |

## 6 x MATERNAL GREAT GRANDPARENTS

Name (M172)
Born ____ Location ____
Died ____ Location ____
Age ____ Buried ____
Father ____
Mother ____

Name (M173)
Born ____ Location ____
Died ____ Location ____
Age ____ Buried ____
Father ____
Mother ____

Married on ____ at ____

| Childrens Names | Born | Died | Childrens Names | Born | Died |
|---|---|---|---|---|---|
| | | | | | |
| | | | | | |
| | | | | | |
| | | | | | |
| | | | | | |

Name (M174)
Born ____ Location ____
Died ____ Location ____
Age ____ Buried ____
Father ____
Mother ____

Name (M175)
Born ____ Location ____
Died ____ Location ____
Age ____ Buried ____
Father ____
Mother ____

Married on ____ at ____

| Childrens Names | Born | Died | Childrens Names | Born | Died |
|---|---|---|---|---|---|
| | | | | | |
| | | | | | |
| | | | | | |
| | | | | | |
| | | | | | |

Name (M160)
Born ______ Location ______
Died ______ Location ______
Age ___ Buried ______
Father ______
Mother

Name (M161)
Born ______ Location ______
Died ______ Location ______
Age ___ Buried ______
Father ______
Mother

Married on at

| Childrens Names | Born | Died | Childrens Names | Born | Died |
|---|---|---|---|---|---|
| | | | | | |
| | | | | | |
| | | | | | |
| | | | | | |
| | | | | | |

Name (M162)
Born ______ Location ______
Died ______ Location ______
Age ___ Buried ______
Father ______
Mother

Name (M163)
Born ______ Location ______
Died ______ Location ______
Age ___ Buried ______
Father ______
Mother

Married on at

| Childrens Names | Born | Died | Childrens Names | Born | Died |
|---|---|---|---|---|---|
| | | | | | |
| | | | | | |
| | | | | | |
| | | | | | |
| | | | | | |

## 6 x MATERNAL GREAT GRANDPARENTS

Name (M164)
Born ______ Location ______
Died ______ Location ______
Age ___ Buried ______
Father ______
Mother

Name (M165)
Born ______ Location ______
Died ______ Location ______
Age ___ Buried ______
Father ______
Mother

Married on at

| Childrens Names | Born | Died | Childrens Names | Born | Died |
|---|---|---|---|---|---|
| | | | | | |
| | | | | | |
| | | | | | |
| | | | | | |
| | | | | | |

Name (M166)
Born ______ Location ______
Died ______ Location ______
Age ___ Buried ______
Father ______
Mother

Name (M167)
Born ______ Location ______
Died ______ Location ______
Age ___ Buried ______
Father ______
Mother

Married on at

| Childrens Names | Born | Died | Childrens Names | Born | Died |
|---|---|---|---|---|---|
| | | | | | |
| | | | | | |
| | | | | | |
| | | | | | |
| | | | | | |

Name (M152)

Born ______ Location ______

Died ______ Location ______

Age ____ Buried ______

Father ______

Mother

Name (M153)

Born ______ Location ______

Died ______ Location ______

Age ____ Buried ______

Father ______

Mother

Married on at

| Childrens Names | Born | Died | Childrens Names | Born | Died |
|---|---|---|---|---|---|
| | | | | | |
| | | | | | |
| | | | | | |
| | | | | | |
| | | | | | |

Name (M154)

Born ______ Location ______

Died ______ Location ______

Age ____ Buried ______

Father ______

Mother

Name (M155)

Born ______ Location ______

Died ______ Location ______

Age ____ Buried ______

Father ______

Mother

Married on at

| Childrens Names | Born | Died | Childrens Names | Born | Died |
|---|---|---|---|---|---|
| | | | | | |
| | | | | | |
| | | | | | |
| | | | | | |
| | | | | | |

## 6 x MATERNAL GREAT GRANDPARENTS

Name (M156)

Born ______ Location ______

Died ______ Location ______

Age ____ Buried ______

Father ______

Mother

Name (M157)

Born ______ Location ______

Died ______ Location ______

Age ____ Buried ______

Father ______

Mother

Married on at

| Childrens Names | Born | Died | Childrens Names | Born | Died |
|---|---|---|---|---|---|
| | | | | | |
| | | | | | |
| | | | | | |
| | | | | | |
| | | | | | |

Name (M158)

Born ______ Location ______

Died ______ Location ______

Age ____ Buried ______

Father ______

Mother

Name (M159)

Born ______ Location ______

Died ______ Location ______

Age ____ Buried ______

Father ______

Mother

Married on at

| Childrens Names | Born | Died | Childrens Names | Born | Died |
|---|---|---|---|---|---|
| | | | | | |
| | | | | | |
| | | | | | |
| | | | | | |
| | | | | | |

Name (M144)
Born ______ Location ______
Died ______ Location ______
Age ____ Buried ______
Father ______
Mother

Name (M145)
Born ______ Location ______
Died ______ Location ______
Age ____ Buried ______
Father ______
Mother

Married on at

| Childrens Names | Born | Died | Childrens Names | Born | Died |
|---|---|---|---|---|---|
| | | | | | |
| | | | | | |
| | | | | | |
| | | | | | |
| | | | | | |

Name (M146)
Born ______ Location ______
Died ______ Location ______
Age ____ Buried ______
Father ______
Mother

Name (M147)
Born ______ Location ______
Died ______ Location ______
Age ____ Buried ______
Father ______
Mother

Married on at

| Childrens Names | Born | Died | Childrens Names | Born | Died |
|---|---|---|---|---|---|
| | | | | | |
| | | | | | |
| | | | | | |
| | | | | | |
| | | | | | |

## 6 x MATERNAL GREAT GRANDPARENTS

Name (M148)
Born ______ Location ______
Died ______ Location ______
Age ____ Buried ______
Father ______
Mother

Name (M149)
Born ______ Location ______
Died ______ Location ______
Age ____ Buried ______
Father ______
Mother

Married on at

| Childrens Names | Born | Died | Childrens Names | Born | Died |
|---|---|---|---|---|---|
| | | | | | |
| | | | | | |
| | | | | | |
| | | | | | |
| | | | | | |

Name (M150)
Born ______ Location ______
Died ______ Location ______
Age ____ Buried ______
Father ______
Mother

Name (M151)
Born ______ Location ______
Died ______ Location ______
Age ____ Buried ______
Father ______
Mother

Married on at

| Childrens Names | Born | Died | Childrens Names | Born | Died |
|---|---|---|---|---|---|
| | | | | | |
| | | | | | |
| | | | | | |
| | | | | | |
| | | | | | |

Name (M136)

Born ______ Location ______

Died ______ Location ______

Age ____ Buried ______

Father ______

Mother

Name (M137)

Born ______ Location ______

Died ______ Location ______

Age ____ Buried ______

Father ______

Mother

Married on at

| Childrens Names | Born | Died | Childrens Names | Born | Died |
|---|---|---|---|---|---|
| | | | | | |
| | | | | | |
| | | | | | |
| | | | | | |
| | | | | | |

Name (M138)

Born ______ Location ______

Died ______ Location ______

Age ____ Buried ______

Father ______

Mother

Name (M139)

Born ______ Location ______

Died ______ Location ______

Age ____ Buried ______

Father ______

Mother

Married on at

| Childrens Names | Born | Died | Childrens Names | Born | Died |
|---|---|---|---|---|---|
| | | | | | |
| | | | | | |
| | | | | | |
| | | | | | |
| | | | | | |

## 6 x MATERNAL GREAT GRANDPARENTS

Name (M140)

Born ______ Location ______

Died ______ Location ______

Age ____ Buried ______

Father ______

Mother

Name (M141)

Born ______ Location ______

Died ______ Location ______

Age ____ Buried ______

Father ______

Mother

Married on at

| Childrens Names | Born | Died | Childrens Names | Born | Died |
|---|---|---|---|---|---|
| | | | | | |
| | | | | | |
| | | | | | |
| | | | | | |
| | | | | | |

Name (M142)

Born ______ Location ______

Died ______ Location ______

Age ____ Buried ______

Father ______

Mother

Name (M143)

Born ______ Location ______

Died ______ Location ______

Age ____ Buried ______

Father ______

Mother

Married on at

| Childrens Names | Born | Died | Childrens Names | Born | Died |
|---|---|---|---|---|---|
| | | | | | |
| | | | | | |
| | | | | | |
| | | | | | |
| | | | | | |

Name (M128)

Born ________ Location ______________________

Died ________ Location ______________________

Age ____ Buried ______________________

Father ______________________

Mother

Name (M129)

Born ________ Location ______________________

Died ________ Location ______________________

Age ____ Buried ______________________

Father ______________________

Mother

Married on at

| Childrens Names | Born | Died | Childrens Names | Born | Died |
|---|---|---|---|---|---|
| | | | | | |
| | | | | | |
| | | | | | |
| | | | | | |
| | | | | | |

Name (M130)

Born ________ Location ______________________

Died ________ Location ______________________

Age ____ Buried ______________________

Father ______________________

Mother

Name (M131)

Born ________ Location ______________________

Died ________ Location ______________________

Age ____ Buried ______________________

Father ______________________

Mother

Married on at

| Childrens Names | Born | Died | Childrens Names | Born | Died |
|---|---|---|---|---|---|
| | | | | | |
| | | | | | |
| | | | | | |
| | | | | | |
| | | | | | |

## 6 x MATERNAL GREAT GRANDPARENTS

Name (M132)

Born ________ Location ______________________

Died ________ Location ______________________

Age ____ Buried ______________________

Father ______________________

Mother

Name (M133)

Born ________ Location ______________________

Died ________ Location ______________________

Age ____ Buried ______________________

Father ______________________

Mother

Married on at

| Childrens Names | Born | Died | Childrens Names | Born | Died |
|---|---|---|---|---|---|
| | | | | | |
| | | | | | |
| | | | | | |
| | | | | | |
| | | | | | |

Name (M134)

Born ________ Location ______________________

Died ________ Location ______________________

Age ____ Buried ______________________

Father ______________________

Mother

Name (M135)

Born ________ Location ______________________

Died ________ Location ______________________

Age ____ Buried ______________________

Father ______________________

Mother

Married on at

| Childrens Names | Born | Died | Childrens Names | Born | Died |
|---|---|---|---|---|---|
| | | | | | |
| | | | | | |
| | | | | | |
| | | | | | |
| | | | | | |

| Name (M120) | Name (M121) |
|---|---|
| Born ______ Location ______ | Born ______ Location ______ |
| Died ______ Location ______ | Died ______ Location ______ |
| Age ____ Buried ______ | Age ____ Buried ______ |
| Father ______ | Father ______ |
| Mother | Mother |

Married on at

| Childrens Names | Born | Died | Childrens Names | Born | Died |
|---|---|---|---|---|---|
| | | | | | |
| | | | | | |
| | | | | | |
| | | | | | |
| | | | | | |

| Name (M122) | Name (M123) |
|---|---|
| Born ______ Location ______ | Born ______ Location ______ |
| Died ______ Location ______ | Died ______ Location ______ |
| Age ____ Buried ______ | Age ____ Buried ______ |
| Father ______ | Father ______ |
| Mother | Mother |

Married on at

| Childrens Names | Born | Died | Childrens Names | Born | Died |
|---|---|---|---|---|---|
| | | | | | |
| | | | | | |
| | | | | | |
| | | | | | |
| | | | | | |

## 5 x MATERNAL GREAT GRANDPARENTS

| Name (M124) | Name (M125) |
|---|---|
| Born ______ Location ______ | Born ______ Location ______ |
| Died ______ Location ______ | Died ______ Location ______ |
| Age ____ Buried ______ | Age ____ Buried ______ |
| Father ______ | Father ______ |
| Mother | Mother |

Married on at

| Childrens Names | Born | Died | Childrens Names | Born | Died |
|---|---|---|---|---|---|
| | | | | | |
| | | | | | |
| | | | | | |
| | | | | | |
| | | | | | |

| Name (M126) | Name (M127) |
|---|---|
| Born ______ Location ______ | Born ______ Location ______ |
| Died ______ Location ______ | Died ______ Location ______ |
| Age ____ Buried ______ | Age ____ Buried ______ |
| Father ______ | Father ______ |
| Mother | Mother |

Married on at

| Childrens Names | Born | Died | Childrens Names | Born | Died |
|---|---|---|---|---|---|
| | | | | | |
| | | | | | |
| | | | | | |
| | | | | | |
| | | | | | |

Name (M112)
Born ______ Location ______
Died ______ Location ______
Age ____ Buried ______
Father ______
Mother

Name (M113)
Born ______ Location ______
Died ______ Location ______
Age ____ Buried ______
Father ______
Mother

Married on at

| Childrens Names | Born | Died | Childrens Names | Born | Died |
|---|---|---|---|---|---|
| | | | | | |
| | | | | | |
| | | | | | |
| | | | | | |
| | | | | | |

Name (M114)
Born ______ Location ______
Died ______ Location ______
Age ____ Buried ______
Father ______
Mother

Name (M115)
Born ______ Location ______
Died ______ Location ______
Age ____ Buried ______
Father ______
Mother

Married on at

| Childrens Names | Born | Died | Childrens Names | Born | Died |
|---|---|---|---|---|---|
| | | | | | |
| | | | | | |
| | | | | | |
| | | | | | |
| | | | | | |

## 5 x MATERNAL GREAT GRANDPARENTS

Name (M116)
Born ______ Location ______
Died ______ Location ______
Age ____ Buried ______
Father ______
Mother

Name (M117)
Born ______ Location ______
Died ______ Location ______
Age ____ Buried ______
Father ______
Mother

Married on at

| Childrens Names | Born | Died | Childrens Names | Born | Died |
|---|---|---|---|---|---|
| | | | | | |
| | | | | | |
| | | | | | |
| | | | | | |
| | | | | | |

Name (M118)
Born ______ Location ______
Died ______ Location ______
Age ____ Buried ______
Father ______
Mother

Name (M119)
Born ______ Location ______
Died ______ Location ______
Age ____ Buried ______
Father ______
Mother

Married on at

| Childrens Names | Born | Died | Childrens Names | Born | Died |
|---|---|---|---|---|---|
| | | | | | |
| | | | | | |
| | | | | | |
| | | | | | |
| | | | | | |

Name (M104)

Born ________ Location ________

Died ________ Location ________

Age ____ Buried ________

Father ________

Mother

Name (M105)

Born ________ Location ________

Died ________ Location ________

Age ____ Buried ________

Father ________

Mother

Married on at

| Childrens Names | Born | Died | Childrens Names | Born | Died |
|---|---|---|---|---|---|
| | | | | | |
| | | | | | |
| | | | | | |
| | | | | | |
| | | | | | |

Name (M106)

Born ________ Location ________

Died ________ Location ________

Age ____ Buried ________

Father ________

Mother

Name (M107)

Born ________ Location ________

Died ________ Location ________

Age ____ Buried ________

Father ________

Mother

Married on at

| Childrens Names | Born | Died | Childrens Names | Born | Died |
|---|---|---|---|---|---|
| | | | | | |
| | | | | | |
| | | | | | |
| | | | | | |
| | | | | | |

## 5 x MATERNAL GREAT GRANDPARENTS

Name (M108)

Born ________ Location ________

Died ________ Location ________

Age ____ Buried ________

Father ________

Mother

Name (M109)

Born ________ Location ________

Died ________ Location ________

Age ____ Buried ________

Father ________

Mother

Married on at

| Childrens Names | Born | Died | Childrens Names | Born | Died |
|---|---|---|---|---|---|
| | | | | | |
| | | | | | |
| | | | | | |
| | | | | | |
| | | | | | |

Name (M110)

Born ________ Location ________

Died ________ Location ________

Age ____ Buried ________

Father ________

Mother

Name (M111)

Born ________ Location ________

Died ________ Location ________

Age ____ Buried ________

Father ________

Mother

Married on at

| Childrens Names | Born | Died | Childrens Names | Born | Died |
|---|---|---|---|---|---|
| | | | | | |
| | | | | | |
| | | | | | |
| | | | | | |
| | | | | | |

Name (M96)
Born ________ Location ________
Died ________ Location ________
Age ____ Buried ________
Father ________
Mother

Name (M97)
Born ________ Location ________
Died ________ Location ________
Age ____ Buried ________
Father ________
Mother

Married on at

| Childrens Names | Born | Died | Childrens Names | Born | Died |
|---|---|---|---|---|---|
| | | | | | |
| | | | | | |
| | | | | | |
| | | | | | |
| | | | | | |

Name (M98)
Born ________ Location ________
Died ________ Location ________
Age ____ Buried ________
Father ________
Mother

Name (M99)
Born ________ Location ________
Died ________ Location ________
Age ____ Buried ________
Father ________
Mother

Married on at

| Childrens Names | Born | Died | Childrens Names | Born | Died |
|---|---|---|---|---|---|
| | | | | | |
| | | | | | |
| | | | | | |
| | | | | | |
| | | | | | |

## 5 x MATERNAL GREAT GRANDPARENTS

Name (M100)
Born ________ Location ________
Died ________ Location ________
Age ____ Buried ________
Father ________
Mother

Name (M101)
Born ________ Location ________
Died ________ Location ________
Age ____ Buried ________
Father ________
Mother

Married on at

| Childrens Names | Born | Died | Childrens Names | Born | Died |
|---|---|---|---|---|---|
| | | | | | |
| | | | | | |
| | | | | | |
| | | | | | |
| | | | | | |

Name (M102)
Born ________ Location ________
Died ________ Location ________
Age ____ Buried ________
Father ________
Mother

Name (M103)
Born ________ Location ________
Died ________ Location ________
Age ____ Buried ________
Father ________
Mother

Married on at

| Childrens Names | Born | Died | Childrens Names | Born | Died |
|---|---|---|---|---|---|
| | | | | | |
| | | | | | |
| | | | | | |
| | | | | | |
| | | | | | |

Name (M88)

Born ______ Location ______

Died ______ Location ______

Age ____ Buried ______

Father ______

Mother

Name (M89)

Born ______ Location ______

Died ______ Location ______

Age ____ Buried ______

Father ______

Mother

Married on at

| Childrens Names | Born | Died | Childrens Names | Born | Died |
|---|---|---|---|---|---|
| | | | | | |
| | | | | | |
| | | | | | |
| | | | | | |
| | | | | | |

Name (M90)

Born ______ Location ______

Died ______ Location ______

Age ____ Buried ______

Father ______

Mother

Name (M91)

Born ______ Location ______

Died ______ Location ______

Age ____ Buried ______

Father ______

Mother

Married on at

| Childrens Names | Born | Died | Childrens Names | Born | Died |
|---|---|---|---|---|---|
| | | | | | |
| | | | | | |
| | | | | | |
| | | | | | |
| | | | | | |

## 5 x MATERNAL GREAT GRANDPARENTS

Name (M92)

Born ______ Location ______

Died ______ Location ______

Age ____ Buried ______

Father ______

Mother

Name (M93)

Born ______ Location ______

Died ______ Location ______

Age ____ Buried ______

Father ______

Mother

Married on at

| Childrens Names | Born | Died | Childrens Names | Born | Died |
|---|---|---|---|---|---|
| | | | | | |
| | | | | | |
| | | | | | |
| | | | | | |
| | | | | | |

Name (M94)

Born ______ Location ______

Died ______ Location ______

Age ____ Buried ______

Father ______

Mother

Name (M95)

Born ______ Location ______

Died ______ Location ______

Age ____ Buried ______

Father ______

Mother

Married on at

| Childrens Names | Born | Died | Childrens Names | Born | Died |
|---|---|---|---|---|---|
| | | | | | |
| | | | | | |
| | | | | | |
| | | | | | |
| | | | | | |

Name (M80)
Born ______ Location ______
Died ______ Location ______
Age ____ Buried ______
Father ______
Mother

Name (M81)
Born ______ Location ______
Died ______ Location ______
Age ____ Buried ______
Father ______
Mother

Married on at

| Childrens Names | Born | Died | Childrens Names | Born | Died |
|---|---|---|---|---|---|
| | | | | | |
| | | | | | |
| | | | | | |
| | | | | | |
| | | | | | |

Name (M82)
Born ______ Location ______
Died ______ Location ______
Age ____ Buried ______
Father ______
Mother

Name (M83)
Born ______ Location ______
Died ______ Location ______
Age ____ Buried ______
Father ______
Mother

Married on at

| Childrens Names | Born | Died | Childrens Names | Born | Died |
|---|---|---|---|---|---|
| | | | | | |
| | | | | | |
| | | | | | |
| | | | | | |
| | | | | | |

## 5 x MATERNAL GREAT GRANDPARENTS

Name (M84)
Born ______ Location ______
Died ______ Location ______
Age ____ Buried ______
Father ______
Mother

Name (M85)
Born ______ Location ______
Died ______ Location ______
Age ____ Buried ______
Father ______
Mother

Married on at

| Childrens Names | Born | Died | Childrens Names | Born | Died |
|---|---|---|---|---|---|
| | | | | | |
| | | | | | |
| | | | | | |
| | | | | | |
| | | | | | |

Name (M86)
Born ______ Location ______
Died ______ Location ______
Age ____ Buried ______
Father ______
Mother

Name (M87)
Born ______ Location ______
Died ______ Location ______
Age ____ Buried ______
Father ______
Mother

Married on at

| Childrens Names | Born | Died | Childrens Names | Born | Died |
|---|---|---|---|---|---|
| | | | | | |
| | | | | | |
| | | | | | |
| | | | | | |
| | | | | | |

Name (M72)

Born ____ Location ____

Died ____ Location ____

Age ____ Buried ____

Father ____

Mother ____

Name (M73)

Born ____ Location ____

Died ____ Location ____

Age ____ Buried ____

Father ____

Mother ____

Married on at

| Childrens Names | Born | Died | Childrens Names | Born | Died |
|---|---|---|---|---|---|
| | | | | | |
| | | | | | |
| | | | | | |
| | | | | | |
| | | | | | |

Name (M74)

Born ____ Location ____

Died ____ Location ____

Age ____ Buried ____

Father ____

Mother ____

Name (M75)

Born ____ Location ____

Died ____ Location ____

Age ____ Buried ____

Father ____

Mother ____

Married on at

| Childrens Names | Born | Died | Childrens Names | Born | Died |
|---|---|---|---|---|---|
| | | | | | |
| | | | | | |
| | | | | | |
| | | | | | |
| | | | | | |

## 5 x MATERNAL GREAT GRANDPARENTS

Name (M76)

Born ____ Location ____

Died ____ Location ____

Age ____ Buried ____

Father ____

Mother ____

Name (M77)

Born ____ Location ____

Died ____ Location ____

Age ____ Buried ____

Father ____

Mother ____

Married on at

| Childrens Names | Born | Died | Childrens Names | Born | Died |
|---|---|---|---|---|---|
| | | | | | |
| | | | | | |
| | | | | | |
| | | | | | |
| | | | | | |

Name (M78)

Born ____ Location ____

Died ____ Location ____

Age ____ Buried ____

Father ____

Mother ____

Name (M79)

Born ____ Location ____

Died ____ Location ____

Age ____ Buried ____

Father ____

Mother ____

Married on at

| Childrens Names | Born | Died | Childrens Names | Born | Died |
|---|---|---|---|---|---|
| | | | | | |
| | | | | | |
| | | | | | |
| | | | | | |
| | | | | | |

| Name (M64) | Name (M65) |
| --- | --- |
| Born ______ Location ______ | Born ______ Location ______ |
| Died ______ Location ______ | Died ______ Location ______ |
| Age ____ Buried ______ | Age ____ Buried ______ |
| Father ______ | Father ______ |
| Mother | Mother |

Married on at

| Childrens Names | Born | Died | Childrens Names | Born | Died |
| --- | --- | --- | --- | --- | --- |
| | | | | | |
| | | | | | |
| | | | | | |
| | | | | | |
| | | | | | |

| Name (M66) | Name (M67) |
| --- | --- |
| Born ______ Location ______ | Born ______ Location ______ |
| Died ______ Location ______ | Died ______ Location ______ |
| Age ____ Buried ______ | Age ____ Buried ______ |
| Father ______ | Father ______ |
| Mother | Mother |

Married on at

| Childrens Names | Born | Died | Childrens Names | Born | Died |
| --- | --- | --- | --- | --- | --- |
| | | | | | |
| | | | | | |
| | | | | | |
| | | | | | |
| | | | | | |

## 5 x MATERNAL GREAT GRANDPARENTS

| Name (M68) | Name (M69) |
| --- | --- |
| Born ______ Location ______ | Born ______ Location ______ |
| Died ______ Location ______ | Died ______ Location ______ |
| Age ____ Buried ______ | Age ____ Buried ______ |
| Father ______ | Father ______ |
| Mother | Mother |

Married on at

| Childrens Names | Born | Died | Childrens Names | Born | Died |
| --- | --- | --- | --- | --- | --- |
| | | | | | |
| | | | | | |
| | | | | | |
| | | | | | |
| | | | | | |

| Name (M70) | Name (M71) |
| --- | --- |
| Born ______ Location ______ | Born ______ Location ______ |
| Died ______ Location ______ | Died ______ Location ______ |
| Age ____ Buried ______ | Age ____ Buried ______ |
| Father ______ | Father ______ |
| Mother | Mother |

Married on at

| Childrens Names | Born | Died | Childrens Names | Born | Died |
| --- | --- | --- | --- | --- | --- |
| | | | | | |
| | | | | | |
| | | | | | |
| | | | | | |
| | | | | | |

Name (M56)

Born ________ Location ________

Died ________ Location ________

Age ____ Buried ________

Father ________

Mother

Name (M57)

Born ________ Location ________

Died ________ Location ________

Age ____ Buried ________

Father ________

Mother

Married on at

| Childrens Names | Born | Died |
|---|---|---|
| | | |
| | | |
| | | |
| | | |
| | | |

| Childrens Names | Born | Died |
|---|---|---|
| | | |
| | | |
| | | |
| | | |
| | | |

Name (M58)

Born ________ Location ________

Died ________ Location ________

Age ____ Buried ________

Father ________

Mother

Name (M59)

Born ________ Location ________

Died ________ Location ________

Age ____ Buried ________

Father ________

Mother

Married on at

| Childrens Names | Born | Died |
|---|---|---|
| | | |
| | | |
| | | |
| | | |
| | | |

| Childrens Names | Born | Died |
|---|---|---|
| | | |
| | | |
| | | |
| | | |
| | | |

## 4 x MATERNAL GREAT GRANDPARENTS

Name (M60)

Born ________ Location ________

Died ________ Location ________

Age ____ Buried ________

Father ________

Mother

Name (M61)

Born ________ Location ________

Died ________ Location ________

Age ____ Buried ________

Father ________

Mother

Married on at

| Childrens Names | Born | Died |
|---|---|---|
| | | |
| | | |
| | | |
| | | |
| | | |

| Childrens Names | Born | Died |
|---|---|---|
| | | |
| | | |
| | | |
| | | |
| | | |

Name (M62)

Born ________ Location ________

Died ________ Location ________

Age ____ Buried ________

Father ________

Mother

Name (M63)

Born ________ Location ________

Died ________ Location ________

Age ____ Buried ________

Father ________

Mother

Married on at

| Childrens Names | Born | Died |
|---|---|---|
| | | |
| | | |
| | | |
| | | |
| | | |

| Childrens Names | Born | Diedaaaa |
|---|---|---|
| | | |
| | | |
| | | |
| | | |
| | | |

Name (M48)
Born ________ Location ________
Died ________ Location ________
Age ____ Buried ________
Father ________
Mother

Name (M49)
Born ________ Location ________
Died ________ Location ________
Age ____ Buried ________
Father ________
Mother

Married on at

| Childrens Names | Born | Died | Childrens Names | Born | Died |
|---|---|---|---|---|---|
| | | | | | |
| | | | | | |
| | | | | | |
| | | | | | |
| | | | | | |

Name (M50)
Born ________ Location ________
Died ________ Location ________
Age ____ Buried ________
Father ________
Mother

Name (M51)
Born ________ Location ________
Died ________ Location ________
Age ____ Buried ________
Father ________
Mother

Married on at

| Childrens Names | Born | Died | Childrens Names | Born | Died |
|---|---|---|---|---|---|
| | | | | | |
| | | | | | |
| | | | | | |
| | | | | | |
| | | | | | |

## 4 x MATERNAL GREAT GRANDPARENTS

Name (M52)
Born ________ Location ________
Died ________ Location ________
Age ____ Buried ________
Father ________
Mother

Name (M53)
Born ________ Location ________
Died ________ Location ________
Age ____ Buried ________
Father ________
Mother

Married on at

| Childrens Names | Born | Died | Childrens Names | Born | Died |
|---|---|---|---|---|---|
| | | | | | |
| | | | | | |
| | | | | | |
| | | | | | |
| | | | | | |

Name (M54)
Born ________ Location ________
Died ________ Location ________
Age ____ Buried ________
Father ________
Mother

Name (M55)
Born ________ Location ________
Died ________ Location ________
Age ____ Buried ________
Father ________
Mother

Married on at

| Childrens Names | Born | Died | Childrens Names | Born | Died |
|---|---|---|---|---|---|
| | | | | | |
| | | | | | |
| | | | | | |
| | | | | | |
| | | | | | |

Name (M40)

Born ________ Location ________
Died ________ Location ________
Age ____ Buried ________
Father ________
Mother

Name (M41)

Born ________ Location ________
Died ________ Location ________
Age ____ Buried ________
Father ________
Mother

Married on at

| Childrens Names | Born | Died | Childrens Names | Born | Died |
|---|---|---|---|---|---|
| | | | | | |
| | | | | | |
| | | | | | |
| | | | | | |
| | | | | | |

Name (M42)

Born ________ Location ________
Died ________ Location ________
Age ____ Buried ________
Father ________
Mother

Name (M43)

Born ________ Location ________
Died ________ Location ________
Age ____ Buried ________
Father ________
Mother

Married on at

| Childrens Names | Born | Died | Childrens Names | Born | Died |
|---|---|---|---|---|---|
| | | | | | |
| | | | | | |
| | | | | | |
| | | | | | |
| | | | | | |

## 4 x MATERNAL GREAT GRANDPARENTS

Name (M44)

Born ________ Location ________
Died ________ Location ________
Age ____ Buried ________
Father ________
Mother

Name (M45)

Born ________ Location ________
Died ________ Location ________
Age ____ Buried ________
Father ________
Mother

Married on at

| Childrens Names | Born | Died | Childrens Names | Born | Died |
|---|---|---|---|---|---|
| | | | | | |
| | | | | | |
| | | | | | |
| | | | | | |
| | | | | | |

Name (M46)

Born ________ Location ________
Died ________ Location ________
Age ____ Buried ________
Father ________
Mother

Name (M47)

Born ________ Location ________
Died ________ Location ________
Age ____ Buried ________
Father ________
Mother

Married on at

| Childrens Names | Born | Died | Childrens Names | Born | Died |
|---|---|---|---|---|---|
| | | | | | |
| | | | | | |
| | | | | | |
| | | | | | |
| | | | | | |

Name (M32)
Born ______ Location ______
Died ______ Location ______
Age ____ Buried ______
Father ______
Mother

Name (M33)
Born ______ Location ______
Died ______ Location ______
Age ____ Buried ______
Father ______
Mother

Married on at

| Childrens Names | Born | Died | Childrens Names | Born | Died |
|---|---|---|---|---|---|
| | | | | | |
| | | | | | |
| | | | | | |
| | | | | | |
| | | | | | |

Name (M34)
Born ______ Location ______
Died ______ Location ______
Age ____ Buried ______
Father ______
Mother

Name (M35)
Born ______ Location ______
Died ______ Location ______
Age ____ Buried ______
Father ______
Mother

Married on at

| Childrens Names | Born | Died | Childrens Names | Born | Died |
|---|---|---|---|---|---|
| | | | | | |
| | | | | | |
| | | | | | |
| | | | | | |
| | | | | | |

## 4 x MATERNAL GREAT GRANDPARENTS

Name (M36)
Born ______ Location ______
Died ______ Location ______
Age ____ Buried ______
Father ______
Mother

Name (M37)
Born ______ Location ______
Died ______ Location ______
Age ____ Buried ______
Father ______
Mother

Married on at

| Childrens Names | Born | Died | Childrens Names | Born | Died |
|---|---|---|---|---|---|
| | | | | | |
| | | | | | |
| | | | | | |
| | | | | | |
| | | | | | |

Name (P38)
Born ______ Location ______
Died ______ Location ______
Age ____ Buried ______
Father ______
Mother

Name (P39)
Born ______ Location ______
Died ______ Location ______
Age ____ Buried ______
Father ______
Mother

Married on at

| Childrens Names | Born | Died | Childrens Names | Born | Died |
|---|---|---|---|---|---|
| | | | | | |
| | | | | | |
| | | | | | |
| | | | | | |
| | | | | | |

| Name (M28) | Name (M29) |
|---|---|
| Born ______ Location ______ | Born ______ Location ______ |
| Died ______ Age ______ | Died ______ Age ______ |
| Location ______ | Location ______ |
| Buried ______ | Buried ______ |
| Father ______ | Father ______ |
| Mother | Mother |

Married on ______ at ______
Names of witnesses

Children

| Name | Born | Died | Birthplace | Spouse/Partner |
|---|---|---|---|---|
| | | | | |
| | | | | |
| | | | | |
| | | | | |
| | | | | |
| | | | | |
| | | | | |
| | | | | |
| | | | | |
| | | | | |
| | | | | |
| | | | | |

| Census Records | 1841 Piece Folio | 1851 Piece Folio | 1861 Piece Folio | 1871 Piece Folio | 1881 Piece Folio | 1891 Piece Folio | 1901 Piece Folio | 1911 Piece Folio |
|---|---|---|---|---|---|---|---|---|

## 3 x MATERNAL GREAT GRANDPARENTS

| Name (M30) | Name (M31) |
|---|---|
| Born ______ Location ______ | Born ______ Location ______ |
| Died ______ Age ______ | Died ______ Age ______ |
| Location ______ | Location ______ |
| Buried ______ | Buried ______ |
| Father ______ | Father ______ |
| Mother | Mother |

Married on ______ at ______
Names of witnesses

Children

| Name | Born | Died | Birthplace | Spouse/Partner |
|---|---|---|---|---|
| | | | | |
| | | | | |
| | | | | |
| | | | | |
| | | | | |
| | | | | |
| | | | | |
| | | | | |
| | | | | |
| | | | | |
| | | | | |
| | | | | |

| Census Records | 1841 Piece Folio | 1851 Piece Folio | 1861 Piece Folio | 1871 Piece Folio | 1881 Piece Folio | 1891 Piece Folio | 1901 Piece Folio | 1911 Piece Folio |
|---|---|---|---|---|---|---|---|---|

| Name (M24) | Name (M25) |
|---|---|
| Born ________ Location ________ | Born ________ Location ________ |
| Died ________ Age ________ | Died ________ Age ________ |
| Location ________ | Location ________ |
| Buried ________ | Buried ________ |
| Father ________ | Father ________ |
| Mother ________ | Mother ________ |

Married on ________ at ________
Names of witnesses

**Children**

| Name | Born | Died | Birthplace | Spouse/Partner |
|---|---|---|---|---|
| | | | | |
| | | | | |
| | | | | |
| | | | | |
| | | | | |
| | | | | |
| | | | | |
| | | | | |
| | | | | |
| | | | | |
| | | | | |
| | | | | |

| Census Records | 1841 Piece Folio | 1851 Piece Folio | 1861 Piece Folio | 1871 Piece Folio | 1881 Piece Folio | 1891 Piece Folio | 1901 Piece Folio | 1911 Piece Folio |
|---|---|---|---|---|---|---|---|---|

## 3 x MATERNAL GREAT GRANDPARENTS

| Name (M26) | Name (M27) |
|---|---|
| Born ________ Location ________ | Born ________ Location ________ |
| Died ________ Age ________ | Died ________ Age ________ |
| Location ________ | Location ________ |
| Buried ________ | Buried ________ |
| Father ________ | Father ________ |
| Mother ________ | Mother ________ |

Married on ________ at ________
Names of witnesses

**Children**

| Name | Born | Died | Birthplace | Spouse/Partner |
|---|---|---|---|---|
| | | | | |
| | | | | |
| | | | | |
| | | | | |
| | | | | |
| | | | | |
| | | | | |
| | | | | |
| | | | | |
| | | | | |
| | | | | |
| | | | | |

| Census Records | 1841 Piece Folio | 1851 Piece Folio | 1861 Piece Folio | 1871 Piece Folio | 1881 Piece Folio | 1891 Piece Folio | 1901 Piece Folio | 1911 Piece Folio |
|---|---|---|---|---|---|---|---|---|

| Name (M20) | Name (M21) |
|---|---|
| Born ______ Location ______ | Born ______ Location ______ |
| Died ______ Age ______ | Died ______ Age ______ |
| Location ______ | Location ______ |
| Buried ______ | Buried ______ |
| Father ______ | Father ______ |
| Mother | Mother |

Married on ______ at ______
Names of witnesses

**Children**

| Name | Born | Died | Birthplace | Spouse/Partner |
|---|---|---|---|---|
| | | | | |
| | | | | |
| | | | | |
| | | | | |
| | | | | |
| | | | | |
| | | | | |
| | | | | |
| | | | | |
| | | | | |
| | | | | |
| | | | | |

| Census Records | 1841 Piece Folio | 1851 Piece Folio | 1861 Piece Folio | 1871 Piece Folio | 1881 Piece Folio | 1891 Piece Folio | 1901 Piece Folio | 1911 Piece Folio |
|---|---|---|---|---|---|---|---|---|

## 3 x MATERNAL GREAT GRANDPARENTS

| Name (M22) | Name (M23) |
|---|---|
| Born ______ Location ______ | Born ______ Location ______ |
| Died ______ Age ______ | Died ______ Age ______ |
| Location ______ | Location ______ |
| Buried ______ | Buried ______ |
| Father ______ | Father ______ |
| Mother | Mother |

Married on ______ at ______
Names of witnesses

**Children**

| Name | Born | Died | Birthplace | Spouse/Partner |
|---|---|---|---|---|
| | | | | |
| | | | | |
| | | | | |
| | | | | |
| | | | | |
| | | | | |
| | | | | |
| | | | | |
| | | | | |
| | | | | |
| | | | | |
| | | | | |

| Census Records | 1841 Piece Folio | 1851 Piece Folio | 1861 Piece Folio | 1871 Piece Folio | 1881 Piece Folio | 1891 Piece Folio | 1901 Piece Folio | 1911 Piece Folio |
|---|---|---|---|---|---|---|---|---|

| Name (M16) | Name (M17) |
| --- | --- |
| Born ______ Location ______ | Born ______ Location ______ |
| Died ______ Age ______ | Died ______ Age ______ |
| Location ______ | Location ______ |
| Buried ______ | Buried ______ |
| Father ______ | Father ______ |
| Mother | Mother |

Married on ______ at ______
Names of witnesses

**Children**

| Name | Born | Died | Birthplace | Spouse/Partner |
| --- | --- | --- | --- | --- |
| | | | | |
| | | | | |
| | | | | |
| | | | | |
| | | | | |
| | | | | |
| | | | | |
| | | | | |
| | | | | |
| | | | | |
| | | | | |
| | | | | |

| Census Records | 1841 | 1851 | 1861 | 1871 | 1881 | 1891 | 1901 | 1911 |
| --- | --- | --- | --- | --- | --- | --- | --- | --- |
| | Piece | Piece | Piece | Piece | Piece | Piece | Piece | Piece |
| | Folio | Folio | Folio | Folio | Folio | Folio | Folio | Folio |

## 3 x MATERNAL GREAT GRANDPARENTS

| Name (M18) | Name (M19) |
| --- | --- |
| Born ______ Location ______ | Born ______ Location ______ |
| Died ______ Age ______ | Died ______ Age ______ |
| Location ______ | Location ______ |
| Buried ______ | Buried ______ |
| Father ______ | Father ______ |
| Mother | Mother |

Married on ______ at ______
Names of witnesses

**Children**

| Name | Born | Died | Birthplace | Spouse/Partner |
| --- | --- | --- | --- | --- |
| | | | | |
| | | | | |
| | | | | |
| | | | | |
| | | | | |
| | | | | |
| | | | | |
| | | | | |
| | | | | |
| | | | | |
| | | | | |
| | | | | |

| Census Records | 1841 | 1851 | 1861 | 1871 | 1881 | 1891 | 1901 | 1911 |
| --- | --- | --- | --- | --- | --- | --- | --- | --- |
| | Piece | Piece | Piece | Piece | Piece | Piece | Piece | Piece |
| | Folio | Folio | Folio | Folio | Folio | Folio | Folio | Folio |

# MATERNAL GREAT GREAT GRANDPARENTS

| Name (M14) | Name (M15) |
| --- | --- |
| Born ___ Location ___ | Born ___ Location ___ |
| Died ___ Age ___ | Died ___ Age ___ |
| Location ___ | Location ___ |
| Buried ___ | Buried ___ |
| Father ___ | Father ___ |
| Mother | Mother |

Married on at

Names of witnesses

**Children**

| Name | Born | Died | Birthplace | Spouse/Partner |
| --- | --- | --- | --- | --- |
| | | | | |
| | | | | |
| | | | | |
| | | | | |
| | | | | |
| | | | | |
| | | | | |
| | | | | |
| | | | | |
| | | | | |
| | | | | |
| | | | | |

**Census Records**

| CENSUS YEAR and REFERENCE | | Occupation | Address |
| --- | --- | --- | --- |
| 1841 | Piece | Husband | |
| | Folio | Spouse/partner | |
| 1851 | Piece | Husband | |
| | Folio | Spouse/partner | |
| 1861 | Piece | Husband | |
| | Folio | Spouse/partner | |
| 1871 | Piece | Husband | |
| | Folio | Spouse/partner | |
| 1881 | Piece | Husband | |
| | Folio | Spouse/partner | |
| 1891 | Piece | Husband | |
| | Folio | Spouse/partner | |
| 1901 | Piece | Husband | |
| | Folio | Spouse/partner | |
| 1911 | Piece | Husband | |
| | Folio | Spouse/partner | |

| Name | Monumental inscription | Will? |
| --- | --- | --- |
| | | |
| | | |
| | | |
| | | |
| | | |
| | | |

# MATERNAL GREAT GREAT GRANDPARENTS

| Name (M12) | Name (M13) |
|---|---|
| Born ________ Location ________ | Born ________ Location ________ |
| Died ________ Age ________ | Died ________ Age ________ |
| Location ________ | Location ________ |
| Buried ________ | Buried ________ |
| Father ________ | Father ________ |
| Mother | Mother |

Married on at

Names of witnesses

**Children**

| Name | Born | Died | Birthplace | Spouse/Partner |
|---|---|---|---|---|
| | | | | |
| | | | | |
| | | | | |
| | | | | |
| | | | | |
| | | | | |
| | | | | |
| | | | | |
| | | | | |
| | | | | |
| | | | | |
| | | | | |

**Census Records**

| CENSUS YEAR and REFERENCE | | Occupation | Address |
|---|---|---|---|
| 1841 | Piece | Husband | |
| | Folio | Spouse/partner | |
| 1851 | Piece | Husband | |
| | Folio | Spouse/partner | |
| 1861 | Piece | Husband | |
| | Folio | Spouse/partner | |
| 1871 | Piece | Husband | |
| | Folio | Spouse/partner | |
| 1881 | Piece | Husband | |
| | Folio | Spouse/partner | |
| 1891 | Piece | Husband | |
| | Folio | Spouse/partner | |
| 1901 | Piece | Husband | |
| | Folio | Spouse/partner | |
| 1911 | Piece | Husband | |
| | Folio | Spouse/partner | |

| Name | Monumental inscription | Will? |
|---|---|---|
| | | |
| | | |
| | | |
| | | |
| | | |
| | | |

# MATERNAL GREAT GREAT GRANDPARENTS

| Name (M10) | Name (M11) |
|---|---|
| Born ____ Location ____ | Born ____ Location ____ |
| Died ____ Age ____ | Died ____ Age ____ |
| Location ____ | Location ____ |
| Buried ____ | Buried ____ |
| Father ____ | Father ____ |
| Mother | Mother |

Married on at

Names of witnesses

**Children**

| Name | Born | Died | Birthplace | Spouse/Partner |
|---|---|---|---|---|
| | | | | |
| | | | | |
| | | | | |
| | | | | |
| | | | | |
| | | | | |
| | | | | |
| | | | | |
| | | | | |
| | | | | |
| | | | | |
| | | | | |

**Census Records**

| CENSUS YEAR and REFERENCE | | Occupation | Address |
|---|---|---|---|
| 1841 | Piece | Husband | |
| | Folio | Spouse/partner | |
| 1851 | Piece | Husband | |
| | Folio | Spouse/partner | |
| 1861 | Piece | Husband | |
| | Folio | Spouse/partner | |
| 1871 | Piece | Husband | |
| | Folio | Spouse/partner | |
| 1881 | Piece | Husband | |
| | Folio | Spouse/partner | |
| 1891 | Piece | Husband | |
| | Folio | Spouse/partner | |
| 1901 | Piece | Husband | |
| | Folio | Spouse/partner | |
| 1911 | Piece | Husband | |
| | Folio | Spouse/partner | |

| Name | Monumental inscription | Will? |
|---|---|---|
| | | |
| | | |
| | | |
| | | |
| | | |
| | | |

# MATERNAL GREAT GREAT GRANDPARENTS

| Name (M8) | Name (M9) |
|---|---|
| Born ______ Location ______ | Born ______ Location ______ |
| Died ______ Age ______ | Died ______ Age ______ |
| Location ______ | Location ______ |
| Buried ______ | Buried ______ |
| Father ______ | Father ______ |
| Mother | Mother |

Married on at

Names of witnesses

**Children**

| Name | Born | Died | Birthplace | Spouse/Partner |
|---|---|---|---|---|
| | | | | |
| | | | | |
| | | | | |
| | | | | |
| | | | | |
| | | | | |
| | | | | |
| | | | | |
| | | | | |
| | | | | |
| | | | | |
| | | | | |

**Census Records**

| CENSUS YEAR and REFERENCE | Occupation | Address |
|---|---|---|
| 1841 Piece Folio | Husband<br>Spouse/partner | |
| 1851 Piece Folio | Husband<br>Spouse/partner | |
| 1861 Piece Folio | Husband<br>Spouse/partner | |
| 1871 Piece Folio | Husband<br>Spouse/partner | |
| 1881 Piece Folio | Husband<br>Spouse/partner | |
| 1891 Piece Folio | Husband<br>Spouse/partner | |
| 1901 Piece Folio | Husband<br>Spouse/partner | |
| 1911 Piece Folio | Husband<br>Spouse/partner | |

| Name | Monumental inscription | Will? |
|---|---|---|
| | | |
| | | |
| | | |
| | | |
| | | |
| | | |

# MATERNAL GREAT GRANDPARENTS

| Name (M6) | Name (M7) |
|---|---|
| Born ______ Location ______ | Born ______ Location ______ |
| Died ______ Age ______ | Died ______ Age ______ |
| Location ______ | Location ______ |
| Buried ______ | Buried ______ |
| Father ______ | Father ______ |
| Mother | Mother |

Married on at

Names of witnesses

**Children**

| Name | Born | Died | Birthplace | Spouse/Partner |
|---|---|---|---|---|
| | | | | |
| | | | | |
| | | | | |
| | | | | |
| | | | | |
| | | | | |
| | | | | |
| | | | | |
| | | | | |
| | | | | |
| | | | | |
| | | | | |

**Census Records**

| CENSUS YEAR and REFERENCE | | Occupation | Address |
|---|---|---|---|
| 1841 | Piece | Husband | |
| | Folio | Spouse/partner | |
| 1851 | Piece | Husband | |
| | Folio | Spouse/partner | |
| 1861 | Piece | Husband | |
| | Folio | Spouse/partner | |
| 1871 | Piece | Husband | |
| | Folio | Spouse/partner | |
| 1881 | Piece | Husband | |
| | Folio | Spouse/partner | |
| 1891 | Piece | Husband | |
| | Folio | Spouse/partner | |
| 1901 | Piece | Husband | |
| | Folio | Spouse/partner | |
| 1911 | Piece | Husband | |
| | Folio | Spouse/partner | |

| Name | Monumental inscription | Will? |
|---|---|---|
| | | |
| | | |
| | | |
| | | |
| | | |
| | | |

# MATERNAL GREAT GRANDPARENTS

| Name (M4) | Name (M5) |
|---|---|
| Born ____ Location ____ | Born ____ Location ____ |
| Died ____ Age ____ | Died ____ Age ____ |
| Location ____ | Location ____ |
| Buried ____ | Buried ____ |
| Father ____ | Father ____ |
| Mother | Mother |

Married on at

Names of witnesses

**Children**

| Name | Born | Died | Birthplace | Spouse/Partner |
|---|---|---|---|---|
| | | | | |
| | | | | |
| | | | | |
| | | | | |
| | | | | |
| | | | | |
| | | | | |
| | | | | |
| | | | | |
| | | | | |
| | | | | |
| | | | | |

**Census Records**

| CENSUS YEAR and REFERENCE | | Occupation | Address |
|---|---|---|---|
| 1841 | Piece | Husband | |
| | Folio | Spouse/partner | |
| 1851 | Piece | Husband | |
| | Folio | Spouse/partner | |
| 1861 | Piece | Husband | |
| | Folio | Spouse/partner | |
| 1871 | Piece | Husband | |
| | Folio | Spouse/partner | |
| 1881 | Piece | Husband | |
| | Folio | Spouse/partner | |
| 1891 | Piece | Husband | |
| | Folio | Spouse/partner | |
| 1901 | Piece | Husband | |
| | Folio | Spouse/partner | |
| 1911 | Piece | Husband | |
| | Folio | Spouse/partner | |

| Name | Monumental inscription | Will? |
|---|---|---|
| | | |
| | | |
| | | |
| | | |
| | | |
| | | |

# MATERNAL GRANDPARENTS

| Name (M2) | Name (M3) |
|---|---|
| Born ___ Location ___ | Born ___ Location ___ |
| Died ___ Age ___ | Died ___ Age ___ |
| Location ___ | Location ___ |
| Buried ___ | Buried ___ |
| Father ___ | Father ___ |
| Mother | Mother |

Married on at

Names of witnesses

**Children**

| Name | Born | Died | Birthplace | Spouse/Partner |
|---|---|---|---|---|
| | | | | |
| | | | | |
| | | | | |
| | | | | |
| | | | | |
| | | | | |
| | | | | |
| | | | | |
| | | | | |
| | | | | |
| | | | | |
| | | | | |

**Census Records**

| CENSUS YEAR and REFERENCE | | Occupation | Address |
|---|---|---|---|
| 1841 | Piece | Husband | |
| | Folio | Spouse/partner | |
| 1851 | Piece | Husband | |
| | Folio | Spouse/partner | |
| 1861 | Piece | Husband | |
| | Folio | Spouse/partner | |
| 1871 | Piece | Husband | |
| | Folio | Spouse/partner | |
| 1881 | Piece | Husband | |
| | Folio | Spouse/partner | |
| 1891 | Piece | Husband | |
| | Folio | Spouse/partner | |
| 1901 | Piece | Husband | |
| | Folio | Spouse/partner | |
| 1911 | Piece | Husband | |
| | Folio | Spouse/partner | |

| Name | Monumental inscription | Will? |
|---|---|---|
| | | |
| | | |
| | | |
| | | |
| | | |
| | | |

## SUBJECTS MOTHER (M1)

Born

Location

Died Age

Location

Buried

Father (M2)

Mother (M3)

### Marriage

To (P1)

Date

Location

Witness (1)

Witness (2)

### Subjects Siblings

1.
Born Place

2.
Born Place

3.
Born Place

4.
Born Place

5.
Born Place

6.
Born Place

7.
Born Place

8.
Born Place

## THE SUBJECTS SPOUSE (S2)

Born

Location

Father

Mother

### Marriage of the Spouses Parents

Date

Location

### Education

| Dates | School/College/University |
|---|---|
| | |
| | |
| | |
| | |
| | |
| | |

### Siblings of the Subjects Spouse

1.
Born Place

2.
Born Place

3.
Born Place

4.
Born Place

5.
Born Place

6.
Born Place

7.
Born Place

8.
Born Place

## CENSUS DETAILS

| YEAR | ADDRESS | TOWN/VILLAGE | COUNTY |
|---|---|---|---|
| 1901 Piece Folio | | | |
| 1911 Piece Folio | | | |